교회 회복을 위한 진단과 대안

빠름 에서 바름 으로

신동식 지음

빠름 에서 바름 으로

펴낸날	2015년 5월 15일 초판 2쇄 발행
지은이	신동식
펴낸이	신덕례
편집	권혜영, 이하양
기획	김항석
재무	권혜영
유통	기독교출판유통
디자인	토라디자인(908-5538)
펴낸곳	우리시대
	경기도 고양시 덕양구 주교동 587-5번지 401호
	T. 070-7745-7141	F. 031-967-7141
	woorigeneration@gmail.com
	www.facebook.com/woorigeneration
ISBN	979-11-85972-01-5
가격	10,000

추 천 서

신동식 목사의 '빠름에서 바름'은 이 시대에 복음으로 살기를 원하는 믿음의 식구들에게 간단하면서 명료한 성경적인 방향을 제시해 줍니다. 혼탁하고 복잡한 이 시대를 사는 신앙인들이 어떻게 살아야 하는가는 어제 오늘의 문제가 아닙니다. 문제의 답은 성경에서 가르치고 제시한 것을 행하는 것인데, 그것을 잊고 살고 있는 이들에게 직설적이고 가감 없이 제시해 주고 있습니다. 한국교회의 방향과 그 교회를 구성하는 구성원들에게 돌려 말하지 않고 명료한 답으로 제대로 살아가고 있는지를 돌아보게 합니다. 제목에서 볼 수 있듯이 이 책은 시간의 중요성 보다는 완전함을 말하고 있는 구별된 기독교인의 거룩함을 삶에서 어떻게 보여주어야 하는지를 자세히 보여주고 있으며, 이 시대를 살아가는 기독교인으로서 무엇이 한국교회에 문제였는지 그동안의 고민을 털어 내고 있습니다.

서귀포 행복한 교회 | 권영배목사

중병을 앓고 있는 한국교회 쾌유와 다시 건강한 성장을 바라는 이 시대 자발적 불편실천운동가인 신동식 목사의 신간 〈빠름에서 바름으로〉, 빠른 성장 성공목회 유행을 좇다 얻은 고위험 만성고혈압 불량목회의 통쾌한 진단과 명쾌한 대안들. 목회현장 진입을 앞두고 있는 신학교 후배들과 교회성장 정체의 고민, 개혁과 변화의 방향이 뚜렷이 보이지 않는 고뇌의 압박감에 시달리는 동료 목회자들에게 '13진단과 15대안'들은 빠른 성장과 성공의 압박을 벗어날 수 있는 건강한 목회 처방으로 사용되리라 확신합니다.

공분의 한국교회를 향한 깨알 같은 진단과 깨소금 같은 대안들의 예리하고 통쾌한 진단의 글 칼들이 목회 세속화로 무뎌진 양심에 닿을 때 느껴지는 치료의 통증들은 희망의 일출 빛 같은 바른 목회의 '15대안'들로 봉합되는 하늘이 주신 세속 감염된 교회 회복의 대안백신들입니다.

강원도 동해에서 교회개척 13년, 자칫 타성에 젖은 목회의 요령으로 본질을 대신하려는 꼼수목회의 취중에 정신을 번쩍 들게 한 〈빠름에서 바름으로〉. 이 한 권의 책이 모든 목회자들의 손에 들린 성경과 함께 자신의 목회의 자가 검증 활용서로 건강하고 바른 목회의 활로를 찾는 만족스런 '1.3.1.5.진단 및 대안'이 되길 소망합니다. 오랜 시간 기윤실 기독NGO 활동을 통해 누구보다 한국교회 목회현장을 깊이 있게 들여다보는 깊은 통찰의 진단과 대안인 〈빠름에서 바름으로〉를 이제라도 신동식 목사를 통해 한국교회에 들려주신 주님께 감사드립니다.

동해시 해오름 교회 ㅣ 박대희목사

"만일 참된 교회가 진리의 기둥과 터라면, 거짓말과 허위가 지배하는 곳에 교회가 존재할 수 없다는 것이 분명한 것이다." 칼빈이 그의 시대의 교회를 바라보면서 안타까운 심정으로 기록한 내용입니다. 만약 우리 시대의 교회도 잘못된 방향으로 나아가고 있고, 진리보다는 다른 것들을 더 중시하고 있다면, 가만히 보고만 있어서는 안 되리라 생각합니다. 칼빈이 그러했던 것처럼, 역사 속의 여러 믿음의 선조들이 그러했던 것처럼, 바른 교회를 세우는 일에 우리도 헌신해야 할 것입니다.

나는 이 책을 과연 누가 사서 읽을 것인가를 생각해 보았습니다. 이 책에서 말하고 있는 여러 잘못된 방향으로 가고 있는 교회와 목회자, 성도들이 읽고 그 방향을 수정한다면 이보다 더 기쁜 일이 없을 것입니다. 그러나 이 책을 읽을 사람들은 이미 바른 길을 추구하고 있거나 적어도 그 길을 찾고 있는 자들일 가능성이 많을 것입니다. 이 책을 통해 우리 자신의 모습을 잘 되돌아 볼 수 있는 기회가 있었으면 좋겠습니다. 또한 충분히 우리가 몸담고 있는 교회의 본 모습을 들여다 볼 수 있는 거울과 같은 역할을 하리라고 기대합니다. 이 책은 지금 우리 시대의 한국교회의 문제들을 비판하는 목적으로 기록이 된 것이 아니고 교회를 바르게 세우기 위한 목적으로 사랑어린 마음으로 쓰인 책이기에, 비판만 난무한 현 시대에 매우 적절하고 귀중한 책이라 생각됩니다. 이 책을 통해 한국의 교회들이 바르게 세워질 뿐만 아니라, 또한 한국에서 세계 각지로 흩어진 선교사들의 사역의 현장에서도 교회가 바르고 건강하게 세워지기를 기대해 봅니다.

RMA C국 선교사 ㅣ 박성수목사

끝이 없는 나락으로 굴러 떨어지는 한국교회와 성도들을 보면서 한숨과 탄식의 기도만이 나오는 시대를 보면서 어떻게 할 것인가? 빠름에서 바름이라는 참으로 한국교회와 사회에 알맞은 제목입니다. 이제는 빠른 것이 중요한 것이 아니라 올바른 목표를 보고 그 목표를 향하여 바른 방법으로 나가는 것이 중요합니다. 저자는 지금의 문제들을 사회적 그리고 경제적, 신학적, 실천신학적 입장에서 문제의 근원을 밝히고 그렇게 된 이유를 밝히며 그 해결책을 내놓고 있습니다. 작은 교회를 담임하는 목사로서 다시금 내 자신을 돌아보는 계기가 되었습니다. 동물들은 몸이 아프면 움직이지 않고 그대로 모든 활동을 멈추고 자신의 몸을 돌본다고 합니다. 그러면서 다시 회복되기까지 잠잠하게 기다립니다. 지금은 우리가 다시금 잠잠히 자신을 돌아보며 움직이기보다 말씀과 기도 가운데 우리를 비춰보고 무엇이 잘못되었는지를 생각하고 고쳐야할 시간입니다. 그 시간에 우리에게 도움을 줄 책이 이 빠름에서 바름이라는 책이 아닌가하고 생각합니다.

성장과 세속화와 물질만능주의에 마음을 빼앗겨 버려 눈과 귀가 멀어버린 이 세대에 이러한 말들이 들려질까? 한쪽의 마음으로 고개를 갸우뚱해도 그래도 들을 수 있는 사람이 있을 것이라는 기대감을 가지고 이 책이 많은 사람들에 읽혀지고 자신을 돌아보는 한 기준의 책이 되어 주었으면 합니다.

군산 창오 교회 | 백주현목사

한국교회는 지금 절대 절명의 위기에 처해 있습니다. 특히 대형교회는 스스로 우상이 되고 있고, 하나님이 되려 하고 있습니다. 이런 상황은 하나님이 성장일변도의 한국교회에 주신 큰 시험이요 도전일 것입니다. 저자는 예수님의 시선을 통해 한국교회를 매섭게 진단하고 있습니다. 직설적인 언어와 가감 없는 표현으로 대형교회의 우상화와 재정의 불투명성을 꾸짖고 있고, 어리석고, 믿음 없는 교인들의 잘못을 얼음송곳 같은 언어로 나무라고 있습니다. 이것이 가능한 것은 저자가 예수님을 좇아 좁은 길을 걷고 있는 정직한 목사이기 때문입니다. 특히, 저자가 몸소 실천하고 있는 자발적 불편운동과 교회 재정의 투명한 관리는 부패하고 타락한 한국교회를 향해 하나님이 주시는 회복의 메시지가 아닐까 합니다.

LH 토지주택연구원 변완희박사

"나는 이렇게 해서 성공했다"라는 자기 개발 및 성공서들이 베스트셀러에 꼭 들어있습니다. 신앙서적에도 예외는 아닙니다. '이렇게 했더니 성장했다'라는 성공서들이 즐비합니다. 목회의 현장에 있는 목사들은 대부분 그 주변을 기웃거리거나 뛰어들게 됩니다. 저 역시 개척하여 6년이란 시간을 되돌아보면 '어떻게 해야 하나?' 라는 질문에 대한 답을 찾고자 지내 온 것 같습니다. 그런데 본서는 신앙의 본질을 생각하게 하고 도전합니다. '내가 가고 있는 길이 바른 길인지' 질문하게 만듭니다. 또한 본서는 시대가 제시하는 '성공'보다 '성경'으로 돌아가도록 합니다. 성경에서 말하는 본래의 의미로 자신을 성찰하게 합니다. 그리고 본서의 대안은 본질을 담은 것으로 하나의 방법을 제시하되 다른 방법들을 찾게 하고 다시금 천천히 시도하도록 용기를 줍니다.

문산 함께하는 교회 ㅣ 임재민목사

회복이란 것은 살아가면서 누구에게나 필요하고 참 좋은 일입니다. 더구나 현재 한국교회의 상황 속에서 교회가 회복된다는 것은 그리스도인이라면 정말 기다리던, 가뭄 끝의 단비 같은 소식일 것입니다. 왜냐하면 이 책에 나오는, 한국교회를 멍들게 하는 여러 원인들은 누구나 공감할 수 있는 우리의 현실이기 때문입니다. 교회는 곧 우리 그리스도인들 자신이며 이 세상에서 유일하게 하나님나라를 볼 수 있는 현장일 것입니다.

이 책을 보면서 한국교회의 현실에 대하여 다른 사람들의 잘못인양 비판을 들이대던 마음을 멈추고 그것이 우리의 적나라한 자화상임을 겸허히 낮은 자리에서 반성했습니다. 더 나아가 한국교회가 살아나고 회복함에 있어서 그 가능성을 보기도 했습니다. 이 책의 저자인 신동식 목사님의 한국교회를 향한 마음은 주님이 주신 마음이라고 확신하며 주께서 이 책을 읽는 모든 독자들에게도 동일한 마음을 주시기를 소망합니다. 그리고 이러한 작은 마음들이 모아져 한국교회의 회복에 일보전진으로 나타나게 하실 주님을 기대합니다.

대전 성약 교회 | 정종익목사

한국교회를 목회현장에서 바라보는 목사의 마음은 아마도 누구나 같을 것이다. 불충과 죄송함에 끊임없이 흘러내리는 통한의 '눈물' 이 단어로도 표현이 불가능하다. 그런데 여기 현장에서 한국교회를 통한의 눈물로 바라보고 진단하며 회복의 소망을 노래하는 책이 있다. '빠름에서 바름'으로 라는 책이다.

'탁상공론' 현실성이 없는 허황한 이론이나 논의를 뜻하는 말이다. 사회문제와 그 대안을 다루는 글들을 보면, 탁상공론의 글들을 대하는 경우가 허다하다. 현장을 모르니 문제가 바로 진단되지도 않고 대안도 허황된 경우가 많다. 그러나 이 책은 다르다.

이 책에는 목회 현장의 냄새가 자욱이 깔려있다. 하나님 앞에서 바른 목회를 향한 몸부림이 녹아있다. 암담한 한국교회 현실을 바라보는 목회자의 눈물이 글 전체에 몽글몽글 베여있다. 목회의 현장에서 한국교회의 문제를 바라보고 개혁주의 목사의 심장으로 진단한다. 그리고 회복의 대안을 말한다. 그래서 너무나 소중한 책이다. 한국교회를 걱정하는 그리스도인들이라면 한 번은 반드시 읽어야 할 책으로 마음을 다해 추천하는 바이다.

창원 양문 교회 | 황문현목사

한국교회를 사랑하고 다시금 회복되기를

소망하는 마음으로 각지에 흩어져 교회를

세우고 있는 모든 분들과 동일한 마음으로

함께 출판에 동참해주신 분들께 헌정합니다.

1부 진단
한국교회를 멍들게 하는 적들

2부 대안

한국교회가 살아나는 길

저자 서문

위기는 기회라는 평범한 말이 있습니다. 그러나 평범은 매우 위대한 일을 합니다. 오늘 한국교회는 이구동성으로 위기라고 말합니다. 그 이면에는 다양한 문제들이 도사리고 있습니다. 그래서 많은 이들이 문제의 근원을 찾고 해결하고자 애쓰고 있습니다. 이러한 상황 가운데 목회와 사회의 한 부분에서 듣고 나누었던 이야기들을 풀어놓는 것이 어떠냐는 말에 용기를 내어 선을 보입니다. 한국교회가 어떠한 상황에 있는지 진단하는 일을 하였습니다. 이일은 매우 주관적입니다. 그러나 어느 면에서는 공유할 수 있으리라 생각합니다.

그리고 진단에 따라 대안을 제시하였습니다. 13개의 진단과 15개의 대안으로 이루어진 글입니다. 한국교회가 앞으로 가야할 방향에 대하여 생각하였고, 한국교회가 원래부터 가지고 있었던 자산을 회복하는 것이 필요하다는 생각도 하였습니다. 이러한 마음으로 때로는 강하게 말하기도 하고, 한편으로는 읍소하기도 하였습니다.

이 글을 쓰는 저 자신 역시 한국교회의 산물이면서 때로는 피해를 준 사람입니다. 그러기에 온갖 비판에서 자유로울 수 없고, 피하여 갈 수 없습니다. 저로 인하여 상처를 받은 분들도 있습니다. 그래서 더더욱 부끄럽고 죄송한 마음을 가지고 있습니다. 그럼에도 불구하고 이러한 책을 내는 것은 남은 시간동안 더욱더 철저하게 하나님의 뜻을 이루기를 소망하는 마음이며, 한국교회를 조금이라도 섬길 수 있도록 은혜를 주신 하나님의 마음을 아프게 하지 말라는 속죄의 마음으로 집필하였습니다. 그리고 때대로 각주를 달지 않은 내용도 있습니다. 충분히 소화되었다고 생각하였기 때문입니다. 그렇지만 많은 내용들이 여러 사람의 도움을 받은 것임을 밝힙니다.

이 책의 출판은 많은 분들의 후원으로 제작되었습니다. 사랑하는 친구와 동료 그리고 문화와 설교연구원 회원들의 지지와 성원으로 만들어졌습니다. 또한 빛과 소금 교회 성도들의 사랑과 우리시대 직원들의 헌신과 특별히 재능기부를 통하여 아름답게 책을 만들어 주신 김진우 형제의 큰 사랑에 감사를 드립니다. 김진우 형제님은 참으로 멋진 분입니다. 많은 사랑을 받았는데 이번에도 큰 사랑을 받았습니다. 그리고 기꺼이 추천서를 써주신 전국과 열방에 흩어져 복음을 전하는 귀한 분들인 권영배목사, 박대희목사, 백주현목사, 박성수선교사, 임재민목사, 정종익목사, 황문현목사와 사랑하는 친구 변완희박사에게 감사를 드립니다. 그리고 격려와 마음을 함께해준 정영일 선교사와 RMA 동역자들에게 감사를 드립니다.

이 책은 많은 동역자들과 논의한 나눔의 열매입니다. 특히 기윤실, 쉐퍼 존스 학당, 튜율립 컨퍼런스, 개혁과 부흥 컨퍼런스를 통하여 얻은 생각입니다. 오늘도 이름도 없이 빛도 없이 복음을 전하는 이들의 발길이 있기에 하나님 나라가 확장되고 있습니다.

항상 감사한 것은 이 책을 세밀하게 살피고 편집과 교정을 하여준 우리시대 식구들인 김항석 형제, 권혜영 자매, 이하양 자매와 책 편집의 묘미를 알려준 정대원목사와 정현숙전도사에게 감사를 드립니다. 또한 집필하는 동안 자세하게 읽고 조언하여준 사랑하는 아내 덕예와 하나님의 선물인 지예, 현호에게 늘 감사함을 전합니다. 그리고 이 책은 한국교회를 사랑하는 마음으로 책 출판에 함께해준 분들에게 바칩니다.

이 작은 책이 교회가 가야할 방향에 조금이라도 도움이 된다면 좋겠습니다. 하나님께 모든 영광을 돌립니다.

2015년 봄이 오는 길목 소명의 땅 원당에서

부끄러운 종 신동식 목사

들어가는 말

　한국교회는 교회사에 있어서 독특한 위치를 차지하고 있습니다. 아시아의 작은 반도 국가이지만 가장 많은 교회가 세워져 있으며, 세계에서 가장 큰 교회도 있습니다. 외적인 면에 있어서 한국교회가 갖는 위상은 참으로 대단합니다. 국제대회도 한국에서 속속 열렸습니다. 세계개혁교회 총회도 열렸고, 세계교회협의회 총회(WCC)도 열렸습니다. 대표적인 총회들이 한국에서 열리는 것은 그 만큼 한국교회가 세계교회에 알려졌다는 이야기입니다.

　또한 한국의 학자들이 세계 유수한 신학 대학에서 학위를 받고 있습니다. 세계학회에 영향을 주는 학자들도 있습니다. 이렇게 신학적인 면에서도 성장하였습니다. 미국의 유수한 복음주의 계열의 교회들이 한국교회를 본받아 성장하였다는 소리를 앞 다투어 내 놓았습니다. 세계교회에서 한국교회는 짧은 역사를 가졌지만 큰 영향을 미치고 있습니다. 칼뱅 탄생 500주년을 맞아 출판된 칼뱅 핸드북(Calvin Handbook)에는 한국교회에 대한 소개가 한 장을 차지하고 있습니다. 그 만큼 다양한 부분에서 한국교회는 알려져 있습니다. 아시아의 신흥 강국에 걸맞게 한국교회도 외적인 화려함을 가지고 있습니다.

하지만 한국 사회 내부로 들어오면 그 양상은 매우 달라집니다. 사회로부터 받고 있는 신뢰도는 바닥을 헤매고 있습니다. 청년층 이하의 성도 수는 점점 줄어들고 있어 다음 세대에 대한 소망이 잘 보이지 않습니다. 수도권에 있는 대형 교단의 영아, 유치부의 평균 출석 숫자는 약 16명에 불과하다는 통계가 있습니다. 앞으로 10-20년 후에는 한국교회에서 검은 머리를 보기 힘든 상황이 될 수도 있습니다. 젊은 세대로부터 인정받지 못하고 있는 교회의 모습을 통하여 하나님의 뜻을 발견할 수 있어야 합니다.

한국교회가 이러한 모습을 가지게 된 근저에는 무엇이 있는 것일까요? 한국교회는 조국 앞에 떳떳한 모습을 가지고 있었습니다. 복음이 전래되었던 초기에 겪어야 했던 선교사님들의 순교와 함께 1907년에 일어난 평양의 대 부흥은 역사의 새로운 전기를 마련하기에 충분하였습니다. 부정과 부패가 무너지고 정직한 나라가 세워지기를 기도하였고 그 일에 그리스도인들이 앞장섰습니다. 지금 한국교회의 영광은 1907년의 열매라고 할 수 있습니다.

그런데 그 후 일제의 식민 지배를 겪었으며 신사참배의 부끄러움을 감행하였고, 해방 뒤의 혼란기와 6.25의 아픔 그리고 60년대의 보리 고개를 넘으면서 교회는 정체성의 혼란을 겪습니다. 복음이 생명이었던 시절의 외침은 점점 약해지고 삼박자 축복의 파도가 밀려왔습니다. 종교개혁자들의 피 맺힌 외침은 점점 퇴색되어지고 인위적 부흥회가 만연하기 시작하였습니다. 그리고 말씀보다는 신비적 체험이 고달픈 인생길에 더 큰 위로가 되었고, 힘이 되었습니다.

1970년 이후의 한국교회는 성장과 위로의 가르침 앞에 한 통속이 되었습니다. 어느 교회를 가도 마찬가지였습니다. 그렇게 진행된 한국교회는 민주화 운동의 열기로 가득 찼던 1987년을 계기로 더욱 극적으로 변화되기 시작하여 교회 성장주의가 새로운 물결로 자리 잡기 시작하였습니다. 온갖 마케팅 수법이 사용되면서 교회는 1970-1980년의 새로운 판형으로 나타나기 시작하였습니다.

차이가 있다면 대형교회가 신학의 중심에 서게 되었다는 사실입니다. 교회성장과 신학과의 긴장감이 존재하였던 1970-1980년대와는 다르게 1990년 이후의 교회들은 대형교회가 배설하는 신학에 젖기 시작하였습니다. 이제 어디를 가도 같은 모습을 봅니다. 종교개혁의 전통은 낡은 폐기물에 불과하게 되었습니다.

신학과 신앙이 중요하지 않은 시대가 되어버렸고, 교단이 의미가 없다는 말이 자연스럽게 나오는 형국이 되었습니다. 모든 교회의 목표가 동일하기 때문입니다. 신학적 고민과 성찰은 사치스러운 것이 되어버렸습니다. 그래서 장로교 오순절이라는 말이 나오고 있습니다. 신앙의 뿌리를 아는 일에는 민감하지 못하고 현실의 외형만이 중요한 시대가 되어버렸습니다. 그러는 사이 한국교회는 세상으로부터 왕따를 당하기 시작하였습니다. 예수 믿으나 믿지 않으나 구별이 없는 상태에 이르게 된 것입니다. 참으로 듣기 부끄러운 소리인 개독교라는 말까지 듣게 되었습니다. 하나님의 영광이 땅에 떨어진 것입니다. 이것은 바른 복음을 전하였기에 다가온 고난이 아니었습니다. 복음이 상실된 열매라고 할 수 있습니다. 도대체 무엇이 한국교회를 이처럼 비참하게 멍들게 하였습니까? 한국교회 안에 있는 적들을 찾아내어 치리하지 않으면 한국교회의 내일은 더욱 암울해집니다. 더 늦기 전에 권징을 시행하여야 합니다. 그것이 하나님의 영광을 나타내는 일입니다.

1부 진단

한국교회를 멍들게 하는 적들

1

대형교회 바라보기

"세계 교회사 가운데 유례없는 성장"

한국교회에 대하여 자주 듣는 말입니다. 한국교회는 짧은 시간에 대단한 결과를 낳았습니다. 세계 최대의 성도를 자랑하는 교회를 가졌다는 것만이 아닙니다. 삶의 다양한 부분에 영향을 미치고 있습니다. 그 모든 것이 이 땅에 복음을 들고 왔던 선교사들의 수고임을 잘 알고 있습니다. 물론 선교사들의 실수도 있었지만 한국 사회에 끼친 공은 참으로 큽니다. 근대식 교육과 병원 그리고 정치제도와 문화의 영역에서 기독교를 빼고 이야기 할 수 없습니다. 한국의 근대사는 그야말로 기독교의 열매입니다.

이렇게 한국교회는 근대의 문을 열었습니다. 그리고 일제의 식민시대와 6.25라는 큰 아픔을 겪었으며, 1960-1970년대의 보릿고개를 넘었습니다. 참으로 모진 세월을 견디는 동안 교회는 굶주린 사람들의 안식처가 되었습니다. 사람들은 교회를 통하여 마음의 병을 치유 받고, 희망을 키웠습니다. 그리고 삶의 질을 위한 음악도 배우고, 미술을 배우는 등 다양한 교육을 받았고, 주름진 얼굴과 메마른 심령에 큰 위로와 힘을 공급받았습니다.

보릿고개와 함께 한 교회는 문을 열어놓으면 사람들이 몰려왔습니다. 아이들은 교회 아니면 간식과 놀이와 교제를 가질 수 없었습니다. 교회는 그야말로 복합 문화 공간이며, 커다란 사랑방이었습니다. 그리고 산업시대의 도래와 함께 교회는 세워지는 곳마다 사람들로 채워졌습니다. 한국교회는 이 시기에 놀라운 성장을 합니다. 교회사에 유례없는 일들이 한국에서 일어났습니다. 이러한 시대적 배경과 종교심이 강한 민족성은 한국교회가 공룡으로 자랄 준비에 최적화 되어있었습니다.

물론 이러한 배경이 한국교회의 성장에 큰 요인이 되었지만 사실은 선배들의 순교의 피가 진정한 기반이었습니다. 양화진에 묻혀있는 순교자들의 피 외에도 곳곳에서 복음과 함께 고난을 받은 순교자의 피가 한국교회를 살리게 한 것입니다. 하나님은 이들의 피를 잊지 않으시고 교회에 성장이라는 선물을 주셨습니다.

이렇게 교회는 점점 커져만 갔고, 본당과 함께 교육관이 생기고, 수양관이 세워지고 묘지까지 구입하였습니다. 말 그대로 전천

후 원스톱 시스템이 완성되었습니다. 한국교회는 명실상부하게 한국 사회에 중요한 위치를 점령하였습니다. 강남이 개발된 후에는 신흥 부자들과 함께 교회도 화려한 옷을 입게 되었습니다. 역삼동에 세워진 C교회, 강남역에 이어 서초동에 세워진 S교회를 비롯하여 이름만 들어도 알만한 교회들이 즐비하게 들어서기 시작하였습니다. 교회는 도도하게 성장하였습니다.

교회 대형화와 목회의 성공?

교회의 대형화에 걸맞게 목회의 성공이라는 단어가 회자되기 시작하였습니다. 목회의 성공은 바로 대형교회 목사가 되는 것입니다. "큰사람이 되려면 큰물에서 놀아야한다"는 속담이 있습니다. 성공 신화를 쓴 사람들이 이제 각 매스컴의 주인공이 되어서 나옵니다. 평사원으로 시작하여 대기업 회장에 오른 입지전적인 인물들에 대한 칭송들이 드높여집니다. 이처럼 교회도 작은 교회는 작은 목사들과 성도들이 있는 곳으로 전락하고 말았습니다.

이러한 생각이 편만하게 퍼지게 되는데 지대한 공을 세운 교회가 등장합니다. 세계 최대 교회를 이끌며 기복주의 신앙이라는 암울한 비로 교회를 적시기 시작하였습니다. 이 비는 교단의 벽을 허물고, 신학의 정체성까지 무너뜨리면서 한국교회를 공황상태에 빠지게 합니다. 기복주의는 신학의 무용론을 가져오게 하고, 목회의 현장에서는 신학이 그렇게 중요하지 않다고 하는 바이러스를 감염시켰습니다. 이 바이러스는 무서울 정도로 한국교회에 전염되었고 괴물 같은 한국교회를 태어나게 하였습니다. 자신의 뿌리를 잃어버린 교회와 성도들은 자신의 소견에 옳은 대로 신앙생활하기 시작하였고, 마침내 구원파, 하나님의 교회, 신천지와 같은 이단과 신사도 운동의 그물에 걸려 휘청거리는 지경에까지 이르게 되었습니다.

실천적 무신론자

교회의 대형화와 함께 '실천적 무신론자'라는 말이 서서히 등장합니다. 교회는 다니지만 종교인으로 살거나, 취미생활과 클럽활동과 같은 여가 생활의 하나로 다니는 사람들을 의미합니다. 또한 '익명의 그리스도인'들이 양산되기 시작합니다. 신앙생활을 하고 싶은데 봉사하지 않고, 사람들과 교제하지 않는 나 홀로만의 신앙생활을 하는 사람들이 생겨나기 시작하였습니다. 이러한 현실을 거쳐 교회를 떠나 신앙생활 하겠다는 일명 '가나안 성도'[1])가 탄생하

---

1) 사실 이 말은 정확한 표현이 아닙니다. 가나안 성도라는 말이 교회 밖 성도를 의미하는데, 교회를 떠난 사람을 성도라 부를 수 없기 때문입니다. 시대의 변화에 따라 이러한 말이 보편적으로 사용되고 있지만 좀 더 고민해야 하는 용어라고 생각합니다. 그러나 일단 예수님은 믿지만 교회의 불의함과 목회자의 부정 때문에 상처를 받아서 교회를 잠시 떠난 사람들을 지칭하는 의미로 한정하여 사용합니다. 자신의 영적인 무지나 혹은 개인적 일탈로 인하여 교회를 떠난 무리는 제외합니다.

게 됩니다.

　성도와 목회자들의 관심은 개인의 회심과 성화가 아니라 교회의 크기입니다. 대형교회를 다니는 이들은 자신의 정체성을 분명하게 밝히는 반면에 작은 교회 다니는 이들은 마치 패배자처럼 행동하는 우스꽝스러운 상황이 일어났습니다. 교회의 목표는 오직 대형화였습니다. 대형화는 하나님의 축복의 상징으로 자리매김했습니다. 세상의 성공과 명예가 교회 안에 들어왔고 결국 이것이 교회를 잡아먹었습니다.

　그러자 모든 매체는 대형교회 목사들이 대단한 능력을 가진 것으로 포장하여 각종 집회의 강사로 세우기 시작하였습니다. 많은 교회들이 대형교회에서 실시하는 세미나에 벌떼처럼 몰려듭니다. 모두가 대형교회를 꿈꾸는 불나방처럼 찾아갑니다. 그러나 마침내 불에 타 쓸쓸하게 최후를 맞이하는 일들이 일어납니다. 대형교회는 자랑스럽게 자신들의 노하우를 전수합니다. 마치 그것이 대단한 것으로 여깁니다. 천하보다 귀한 한 영혼의 상태를 미끼로 던지면서 교회 성장 세미나를 합니다. 성장과 한 영혼의 소중함은 두 날개가 아닙니다. 그러나 여전히 우스운 일이 벌어지고 성행하고 있습니다. 그렇게 세미나를 할 때마다 대형교회는 점점 전국구가 됩니다.

　교회를 분립하여 건강한 교회를 만드는 일에는 관심이 없습니다. 아직까지 분립하여 건강한 교회를 세운 대형교회는 없습니다.

그러한 세미나도 없습니다. 그러면서 건강한 교회를 위한 세미나라고 유혹합니다. 세미나에 투자하는 대부분의 목회자들과 교회는 작은 교회들입니다. 이들은 세미나를 주최하는 교회처럼 대형교회가 되는 꿈을 갖습니다. 처음에는 소박할지 모르지만 점점 욕심이 늘어납니다. 그래서 개중에 성공한 교회들은 똑같은 방식으로 세미나를 열어서 전국구가 되고자 합니다. 목회 본질을 나타내는 세미나가 아니라 교회 성장을 위한 것은 모두가 다 교회를 허무는 일입니다.

"양은 목자를 알고 목자는 양을 알고"

대형교회에서 예배를 드려본 분은 아실 것입니다. 마치 7일장을 보는 것 같습니다. 우르르 들어가고 우르르 나옵니다. 과연 이렇게 많은 성도들의 이름을 담임목사는 기억할 수 있을까요? 양이 목자를 알고 목자가 양을 알아야 참된 목자입니다. 그런데 지금의 현실은 암담합니다. 한 영혼의 이름을 알고 그 가정의 삶을 함께하는 것이 참된 목회입니다. 그런 면에서 오늘날 대형교회의 모습은 결코 행복하지만은 않습니다.

또한 쓸쓸한 사실은 한국교회는 대형교회 목사만 되면 한국교회 지도자로 등장한다는 것입니다. 대형교회 목사가 된 것으로 한국교회를 책임지는 존재로 여겨지는 이상한 기류가 흐르고 있습니다. 그래서 한국교회 안에 무임승차하는 일이 자연스러워졌습니다. 교회를 비판하는 그룹들이 내세우는 강사도 상당수 대형교회 목사이거나 엘리트 코스를 밟은 목사입니다. 그러기에 신학생들은 유학을 필수과정으로 삼았고, 박사가 되기 위하여 온갖 노력을 다 기울였습니다. 한국에 가짜 박사 논란이 많은 이유입니다. 그리고 묵묵히 최선을 다하여 섬기고 있던 목사들은 더 배워야 할 존재들로 전락하여 버렸습니다.

거기에 대형교회가 주는 혜택은 매우 많습니다. 지도자의 위상뿐만 아니라 정치적 위상도 갖습니다. 세상 사람들의 존경도 받습니다. 거기에 교인의 존경도 받습니다. 또한 목회에 있어서 상대적으로 자유롭습니다. 삶의 질은 말 할 필요가 없습니다. 어떤 목사는 자신이 45평 아파트에 살고 있는 것을 자랑스럽게 SNS에 올리는 것을 보았습니다. 그리고 원하기만 하면 외국에 나갈 수 있다고 자랑합니다. 대형교회 목사가 되는 즐거움이 남다릅니다. 그러니 바라보기가 멈추지 않는 것입니다.

그러나 아무리 많은 혜택이 있어도 우상을 소유하면 안 됩니다. 이 우상은 교회의 크기가 성공의 대명사요, 하나님께 복 받은 증거라는 괴물 신앙을 낳았습니다. 한국교회에 이러한 기형들이 번성하고 있습니다. 아름다움은 보이지 않습니다. 건강함도 중요하지 않습니다. 오직 성공한 모습만 따르고 있습니다. 대형 교회 바라보기는 하나님 나라 백성으로 살아가고, 한 영혼의 가치를 소중하게 여기는 이들에게는 아무 쓸모가 없음을 기억해야 합니다.

지금 교회는 세상으로부터 천대받고 있습니다. 1980년대에 나타난 보고서에도 한국교회의 대형화를 가장 많이 비판하였습니다.[2] 지금도 그 모습은 변하지 않았습니다. 오히려 더욱 악화 되었습니다. 세상은 약 19.4%만이 한국교회를 신뢰한다고 하고, 목회자들이 한국교회를 부정적으로 만든 가장 큰 이유라는 통계가 나오고 있습니다.[3] 이 모든 것이 대형교회라는 우상화에 빠져있기 때문입니다.

목회의 목적이 대형교회 만드는 것에 있는 것처럼 초라한 것이 없습니다. 또한 신앙의 자랑이 대형교회 교인이 되는 것 역시 부끄럽습니다. 그럼에도 불구하고 여전히 대형교회 바라보기에 굶주려있는 것은 대형교회가 주는 달콤함이 강력하기 때문입니다.

하지만 이제 목사도 성도도 대형교회라는 진흙땅에서 빠져 나와야 합니다. 계속하여 머물면 슬피 울며 이를 가는 일만 남게 됩니다. 대형교회 바라보기가 바로 한국 교회를 허무는 간교한 적입니다. 그리고 무서운 괴물입니다. 우리 안에 있는 이 간교한 괴물을 바다에 가차 없이 던져버려야 합니다. 이것이 한국교회가 하나님의 교회로 바르게 세워지는 길입니다.

---

2) 김인호,「비 기독교 대학생이 본 한국 기독교」, (서울, 조이선교회, 1988), p63
3) 2014년 기윤실이 조사한 사회적 신뢰도 조사의 내용입니다.

2

터가 무너진 공교회

"이곳 아니면 교회가 없나"

목회를 하다보면 이렇게 말하는 사람을 종종 봅니다. 한번은 6개월 정도 출석하였던 분이 교회를 떠났습니다. 그래서 무슨 문제가 있어서 그러느냐고 물었더니 아이들과 함께 교회를 다니고 싶어서 옮기게 되었다는 대답이었습니다. 그래서 아쉽지만 가족이 함께 다니는 것이 좋은 일이기에 잘 다니라고 하였습니다. 그런데 며칠 후에 한 성도로부터 이상한 이야기를 들었습니다. 그 분이 교회를 옮긴 것은 다른 이유가 있다는 말이었습니다. 그 이유는 너무 씁쓸하였습니다. 요지는 이렇습니다. 다른 교회는 6개월 정도 다니면 집사 직분을 주는데 우리 교회는 1년을 다녀도 직분을 주지 않는다면서 교회가 여기만 있냐고 하면서 화를 내었다는 것입니다.

이 뿐 아닙니다. 교회에서 문제가 있어서 징계를 내렸어도 그 다음에 다른 교회로 옮겨서 자연스럽게 신앙생활 하는 것을 종종 봅니다. 더구나 장로나 안수집사와 같은 분들이 올 때 교회로부터 직분 확인서나 이명증서와 같은 것을 요구하지 않은 채 직분을 인정하는 경우도 있습니다. 이러한 모습들은 교회가 가진 공교회성이 얼마나 무시되었는지를 보여줍니다.

1970년대만 해도 피치 못할 사정으로 타 교회에서 예배를 드리게 될 때 그 교회 주보를 가져오면 교회 출석이 인정되었습니다. 그것은 교회가 그리스도의 몸으로 하나가 되어 있다는 공교회성에 기초하였기 때문입니다. 그렇기에 교회를 옮길 때에도 이명증서가 반드시 필요하였습니다. 또한 교단을 옮기는 것도 매우 힘들었습니다. 장로교인이 감리교나 순복음으로 가는 것은 거의 불가능에 가까웠습니다. 그래서 이사를 가더라도 반드시 자신이 다녔던 교단 교회로 옮겼습니다. 그 만큼 교회의 교리 교육과 신앙 색깔에 대하여 분명한 정체성을 가지고 있었습니다.

그런데 1990년대를 지나면서 이러한 모습은 다 사라졌습니다. 장로교회에서 집사, 장로를 받은 분들도 자연스럽게 감리교나 순복음으로 옮깁니다. 마찬가지로 감리교나 순복음에 있던 분들도 자연스럽게 장로교로 이전합니다. 더 이상 이명증서가 필요 없습니다. 또한 이들에 대한 교리적 교육도 전무합니다. 모두가 제자훈련이란 이름으로 통일되었기 때문입니다. 이러한 결과 이전의 교회에서 어떠한 모습으로 있었는지 중요하지 않게 되었습니다. 중요한 것은 교인이 증가하는 것뿐입니다.

수평이동과 대형교회

이러한 현상이 만들어 낸 결과 가운데 하나가 바로 대형교회의 탄생입니다. 대부분은 수평이동을 통하여 교회가 대형화 됩니다. 그리고 교단적 특색은 다 사라지고 맙니다. 장로교 오순절, 감리교 장로주의, 침례교 장로주의, 오순절 장로교, 장로주의 성결교라는 말이 나오므로 특색 없는 현상이 되어 버렸습니다. 이제는 목회자들 사이에서도 교회가 다 똑같지 교리가 무슨 의미가 있냐는 말이 나옵니다. 중요한 것은 교회의 성장입니다. 여기에 모든 교회가 하나가 되었습니다. 언뜻 보면 하나의 교회가 된 것같이 보이지만 실제로는 어떠한 치리도 없는 무질서한 교회가 되었음을 보여 주는 것입니다.

교회의 표지 가운데 반드시 속하는 것은 아니지만 징계는 교회를 거룩하게 만드는 일입니다. 그런데 치리함이 더 이상 존재하지 않습니다. 이곳만 교회냐는 생각이 깊이 자리 잡고 있기 때문입니다. 얼마든지 옆 교회로 가면 기쁘게 받아 줄 것인데 피곤하게 신앙생활 할 필요가 없다는 자세입니다. 그리고 실제로 교회들은 성장 제일주의에 빠져있기 때문에 더 이상 징계는 존재하지 않습니다. 징계는 교회 성장을 포기하는 행위이기 때문입니다. 바로 교회의 공교회성이 완전히 박살난 결과입니다.

공교회성이 박살난 틈을 타서 기하급수적으로 늘어난 것이 바로 이단입니다. 이단들은 교회가 가지고 있어야 할 원칙을 포기한 것을 미끼로 자신들의 교리를 체계화시켰습니다. 결국 이들의 수법은 공교회성이 무너진 교회에 대하여 환멸을 느낀 많은 사람들을 미혹하는 것이었고 실제로 많은 이들이 이단 단체에 출석하는 것을 볼 수 있습니다. 이단들 대부분은 기존 교회를 다녔던 이들이라는 사실에서 공교회성의 무너짐이 얼마나 무서운 결과를 초래하였는지를 볼 수 있습니다.

이곳 아니면 교회가 없냐는 생각은 교회의 거룩성을 훼손하는 것뿐 아니라 성도의 정체성을 흔드는 일이 됩니다. 그리스도의 몸을 가볍게 여기는 행태이기 때문입니다. 이러한 모습이 만연되면 세상은 교회를 우습게 여기게 되고 결국 교회는 깊은 멍이 들게 됩니다.

공교회성

특별히 교회의 공교회성이 흔들리는 경우는 타락한 목회자들에 대한 징계가 없다는 것에서 여실히 볼 수 있습니다. 한 예로 성추행을 한 목사가 버젓이 교회를 나와서 또 다른 교회를 개척하였습니다. 그리고 사람들은 그 사람의 명성을 따라 모입니다. 이렇게 된 이유는 공교회성이 작동하지 않았기 때문입니다. 엄한 징계가 없으므로 많은 성도들이 미혹 당하는 것입니다. 이런 파렴치한 목회자들이 지역만 달리하고 교회를 세우는 일들이 빈번합니다. 공교회성이 무너지니까 이들은 회개하지 않고 자신을 따르는 무리와 함께 사교 집단을 형성합니다. 공교회성이 견실하다면 이들을 철저하게 회개시키고 치리한 후에 해벌하고 받아들이는 거룩한 일들이 일어날 수 있는데 그러한 모습이 보이지 않습니다. 그러니 세상이 교회를 얼마나 우습게 생각하겠습니까?

또한 대표적인 교회 연합 단체가 있지만 대부분 그 기능을 정치적 영역에만 쏟아 놓고 있지 교회의 거룩성을 위하여 사용하지 않습니다. 단체 스스로의 거룩함을 상실하였기에 세상은 교회를 조롱하는 것입니다. 개독교라는 이름을 듣게 된 이면에는 이러한 공교회성의 상실이 있습니다.

공교회성을 회복하려면 우선 교단들이 자신들이 가진 교리와 헌법에 정결하여야만 합니다. 그렇지 않으면 그 교리와 헌법이 유명무실해 집니다. 총회가 세속화되면 교회는 거룩성을 가질 수 없습니다. 그러면 어디에서도 공교회성을 세울 수가 없습니다. 그러므로 각 교단들이 거룩함을 회복하는 일이 필요합니다. 원래 가졌던 원리에 충실하다면 교회는 거룩성을 회복하고 세상으로부터 이유 없는 무시는 당하지 않게 될 것입니다.

우리는 한국교회를 지탱하는 기본적인 터가 균열되고 무너지고 있는 것을 보고 있습니다. 일촉즉발의 위기입니다. 화려하게 보이는 교회들이 점점 무너지고 있다는 소식이 들립니다. 오늘날 교회를 떠받치고 있는 것은 말씀이 아니라 세속적 가치가 되어버렸습니다. 그래서 크고 넓고 높은 것을 지향하고 있습니다. 그리고 그 밑에서 교회는 흔들거리고 있습니다. 지금은 잠시 견딜지 모르지만 삼풍백화점, 성수대교, 세월호처럼 무너지는 날이 올 수 있습니다.

다시금 터를 견고히 하는 일이 필요합니다. 교회는 선지자들과 사도들의 터 위에 세워집니다. 즉 삼위 하나님의 말씀 위에 세워집니다. 세속적인 세계관을 던져 버리는 일이 필요합니다. 슬피 울며 이를 가는 날이 오기 전에 그리스도의 몸을 회복시켜야 합니다. 교회를 회복하는 개혁이 필요합니다. 점점 늦어지기 전에 정신을 차려야 합니다.

형통한 날에는 기뻐해야 하지만 곤고한 날에는 생각해야 합니다(전7:14). 지금은 형통한 날이 아닙니다. 곤고한 날입니다. 그러므로 우리는 생각해야 합니다. 우리의 터가 견고한지 돌아보아야 합니다. 우리의 교회가 건강한 공교회성을 가지고 있는지 고찰해야 합니다. 지금의 한국교회는 그러한 시점에 와 있습니다. 일부의 큰 교회들이 잘 나가고 있다고 속이고 있으나 터가 흔들리고 있습니다. 깊이 생각하고 무너지는 터를 견고하게 만들어야 합니다.

"터가 무너지면 의인이 무엇을 하랴" (시 11:3)

3

무너진 성경 권위

"그리스도인은 누구인가? 어떻게 그리스도인이 되는가?"

우리는 이러한 질문을 많이 받습니다. 이 질문에 대하여 사도 베드로의 대답은 분명합니다. 사도 베드로는 믿음을 지키기 위하여 고국을 등지고 타국으로 떠난 그리스도인을 향하여 그리스도인이 누구인지, 어떻게 이루어진 존재인지를 알려주었습니다.

"너희가 거듭난 것은 썩어질 씨로 된 것이 아니요 썩지 아니할 씨로 된 것이니(벧전 1:23)"

여기서 '너희'는 예수 그리스도의 피 뿌림을 얻기 위하여 택하심을 입은 자(벧전 1:2)입니다. 그런 의미에서 베드로의 가르침을 좀 더 세밀하게 정리한다면 "그리스도인은 예수 그리스도의 택하심을 받은 자로서 썩지 아니할 씨로 새롭게 태어난 사람"입니다. 특별히 기억해야 할 것은 택하심을 받은 그리스도인은 '썩지 않는 씨'를 가진 사람입니다. '죽은 씨'가 아니라 '살아있는 씨'입니다. 이 '씨'가 영적으로 죽은 자였던 우리에게 생명을 준 것입니다. 베드로는 이 '씨'를 소유한 이를 그리스도인이라 부릅니다.

그렇다면 이 '씨'는 무엇을 의미합니까? 이 '씨'는 다른 것이 아니라 바로 "하나님의 살아있고 항상 있는 말씀(23)"입니다. 이 말씀은 항상 있습니다. 우리의 육체는 유한합니다. 그러나 말씀은 항상 있으며 영원합니다. 베드로 사도는 이사야 선지자의 글을 인용하면서 말씀하기를 육체는 풀과 같다고 하였습니다. 곧 시들고 만다는 것입니다. 또한 그의 영광은 풀의 꽃과 같다고 말합니다. 시간이 지나면 그 꽃은 떨어지고 말 것입니다. "그러므로 모든 육체는 풀과 같고 그 모든 영광이 풀의 꽃과 같으니 풀은 마르고 꽃은 떨어지되 오직 주의 말씀은 세세토록 있도다 하였으니 너희에게 전한 복음이 곧 이 말씀이니라."(벧전 1:24-25)

이 땅의 모든 것은 아무리 아름답고 강력하다 할지라도 다 사라집니다. 때가 지나면 사라집니다. 한 시대를 뒤 흔들었던 사람들도 다 사라졌습니다. 그러나 말씀은 여전히 살아있습니다. 말씀은 우리를 지배하고 우리를 구원합니다. 우리로 하여금 삶의 의미를 알게 하고, 살아가게 합니다. 말씀이 살아있을 때 교회는 흥하였고, 말씀이 약화되면 교회는 침체되었습니다. 놀랍게도 말씀을 가볍게 여길 때 사람의 지혜가 주인 노릇하였습니다. 말씀의 권위가 무너진 곳에 성령의 역사는 나타나지 않았습니다. 말씀이 생명이고, 능력이기 때문입니다.

말씀과 그리스도

말씀이 우리를 거듭나게 하는 것은 바로 말씀이 예수 그리스도이기 때문입니다. 말씀이 육신이 되사 우리 가운데 오신 예수 그리스도가 우리를 거듭나게 하십니다. 그러므로 말씀이 심겨진 사람들은 하나님의 영을 소유한 존재로 변화 됩니다. 비록 육신은 그대로 있지만 전혀 다른 존재입니다. 이것이 바로 거듭난 그리스도인의 비밀입니다.

"가라사대 진실로 진실로 네게 이르노니 사람이 거듭나지 아니하면 하나님 나라를 볼 수 없느니라(요 3:3)"

거듭난 사람은 하나님의 영을 소유한 사람이며 예수 그리스도에게 접붙임 받은 사람입니다. 그리고 마침내 하나님 나라에 들어 갈 자입니다. 바로 이러한 사람을 그리스도인이라 부릅니다. 이것이 바로 우리의 본질입니다. 그런데 그 거듭남은 바로 말씀으로 이루어집니다.

그리스도인은 말씀으로 시작하여 말씀으로 살아가고 말씀 안에서 죽습니다. 그리고 말씀으로 다시 살아나고 말씀가운데 영원히 거하는 사람입니다. 말씀이 처음과 나중입니다. 그러므로 무엇보다도 우리는 말씀 가운데 있어야 합니다. 말씀을 더욱 가까이 해야 합니다. 말씀을 먹고 마심으로 자라나야 합니다. 우리는 말씀을 판단하는 자가 아니라 말씀에 순종하는 자입니다. 우리의 이성으로 이해가 되지 않는 부분에 대하여 틀렸다고 말하는 것은 우리가 할 일이 아닙니다. 우리의 이해가 아직 미치지 못하였으므로 기다려야 합니다. 하나님의 가르치심이 공교회를 통하여 분명하게 주어질 때 까지 기다리는 것입니다. 그러므로 그리스도인은 기록된 말씀 밖으로 넘어가지 않습니다. 이것이 교회를 살리는 길입니다.

천대받는 말씀

그런데 우리시대는 말씀을 천하게 취급하고 있습니다. 말씀을 듣는 것보다 세상 지혜를 구하는 고린도 교회와 같습니다. 하나님의 말씀 앞에 잠잠해야 하는데 오히려 떠들고 있습니다. 말씀이 말할 때 아멘하고 순종해야 하는데 그것은 성경일 뿐 이라고 무시합니다. 더구나 신학자들에 의하여 말씀이 난도질당하기까지 합니다. 하나님의 말씀과 아닌 것을 자의적으로 분별합니다. 성경이 존재하고 공교회가 정한 것을 마음껏 해체하고 있습니다. 온갖 비평이 성경의 권위를 무시하고 있습니다. 성경을 견고하게 하고자 하는 비평이 아니라 성경을 무시하려는 비평이 판을 칩니다. 그래서 아직도 성경을 믿느냐는 성경학자들이 있습니다. 이러한 모습은 결국 성도들의 삶에도 나타납니다. 말씀을 자신들의 삶의 기준으로 삼지 않고 있습니다. 말씀은 말씀이고 삶은 삶입니다. 이러한 철저한 이원론적 신앙은 놀랍게도 말씀에 대한 가벼움에서 시작되었다고 할 수 있습니다.

말씀이 중요하다고 하면서 실제로는 삶의 기준으로 삼지 않을 때 교회는 멍들게 되고 머지않아 세상 지혜가 교회를 좌지우지하게 됩니다. 어쩌면 인문학 열풍의 부정적인 면이 이러한 모습과 결부되어 교회에 나타났는지 모릅니다. 그러나 세상의 지혜가 교회를 움직이면 결국 교회는 무너지게 됩니다. 세상의 지혜는 도구입니다. 기준이 아닙니다. 도구는 잘 사용하여야 하지만 진리가 될 수 없습니다. 주객이 전도되면 슬피 울며 이를 가는 일이 벌어집니다.

그래서 믿음의 선배들은 오직 성경이라는 모토를 외쳤습니다. 어떠한 외압에도 흔들리지 않고 말씀을 전하였습니다. 더구나 최선을 다하여 자신들의 모국어로 성경을 번역하였습니다. 이것이 교회를 든든히 세우고 그리스도의 삶을 살게 한 것입니다.

말씀이 무너진 교회는 그리스도인의 삶도 무너집니다. 오늘날 교회가 세상으로부터 물매를 맞고 있는 것은 말씀이 무너졌기 때문입니다. 강단에서부터 말씀이 들려지지 않는데 어찌 삶의 현장에서 말씀이 열매를 맺겠습니까? 교회가 서로 돕고 힘써야 하는데 이용만 하고 있다면 어떻게 되겠습니까? 다시금 교회의 회복을 위해 오직 성경의 가르침이 회복되어야 합니다. 그리고 이러한 고백은 성경주의로 돌아가는 것이 아니라 바른 교리적 기준에 입각한 성경으로 돌아가는 것입니다. 이것이 우리 모두를 살리는 일입니다. 성령께서 공교회를 통하여 알려준 바른 고백 위에 교회를 세우는 일이 중요합니다.

교회의 위기와 성경의 권위

오늘날 교회의 위기는 바로 성경의 권위가 무너진 데 있습니다. 현대적 비평주의자로 말미암아 난도질당한 성경은 삶의 유일한 기준이 되지 못하고 여러 가지 도구 중 하나가 되어버렸습니다. 이것이 교회의 위기를 가져왔습니다. 그러므로 우리가 힘써 지켜야 할 것은 바로 성경의 권위입니다. 성경의 무오성을 고백하고 성경 안에 거하는 삶을 살아야 합니다. 성경의 권위가 무너진 곳에 교회도 무너지고, 그리스도인의 삶도 황폐하게 됩니다. 교회를 살리고 그리스도인의 삶을 풍요롭게 하며, 세상을 향하여 하나님의 나라를 강력하게 증거 할 수 있는 길은 성경의 권위를 온전히 세우는 일입니다.

한국교회가 살아나려면 다시금 말씀의 부흥이 있어야 합니다. 강단이 변하고, 성도의 소망이 말씀에 있어야 살아납니다. 말씀보다 다른 것으로 대체하려고 할 때 교회는 살아있는 것 같으나 마침내 죽게 될 것입니다. 그 무엇도 말씀을 배제할 수 없습니다. 특별히 건강하고 신앙고백적인 말씀이 살아나야 합니다. 이것이 교회의 멍든 자국을 지우는 일입니다.

4
천박한 설교

"기독교가 도덕적 권위를 상실한 원인은 무엇인가? 교회 성장이라
는 '우상'이다. 교회가 성장 중심의 자본주의적이다. '전도를 많이
한다'는 미명아래 교회의 크기를 늘리는 것이다. 목사들의 설교는
교인들의 귀에 좋은 말뿐이다. '예수 믿으면 복 받는다' 등 교인들
을 즐겁고 행복하게 하는 데에만 치중한다. 그래야 교회가 커지고
헌금도 많이 거둘 수 있기 때문이다. 이러한 교회의 분위기가 교
회의 도덕적 타락을 불러 일으켰다. 집사, 장로. 목사의 질이 떨
어진다. 신학교는 점점 많아지지만 인격교육이 아니라 단순히 성
경지식을 전수하여 목사의 수준이 떨어진다. 때로는 신학교 설립
목적 자체가 순수하지 못한 경우도 있다. 한국교회는 개신교의 역
사상 중세시대 이후로 가장 부패해 있다."

손봉호 교수의 지적입니다. 이 글에는 한국교회를 멍들게 하는 요소들이 다 들어있습니다. 그 가운데 "목사들의 설교는 교인들의 귀에 좋은 말뿐이다. '예수 믿으면 복 받는다' 등 교인들을 즐겁고 행복하게 하는 데에만 치중한다. 그래야 교회가 커지고 헌금도 많이 거둘 수 있기 때문이다."는 말은 곱씹어야 할 말입니다. 한국교회를 부끄럽게 만든 주범이 바로 목사들의 '천박한 설교'에 있기 때문입니다.

　　사실 한국 사회는 천박한 자본주의에 의하여 엉망진창이 되었습니다. 돈을 사랑함이 삶의 중심이 되어서 살았던 역사입니다. 그래서 개인적인 풍요와 평안이 주요 가치가 되었으며. 이웃의 아픔에는 아랑곳 하지 않았습니다. 오늘날 경제적 양극화는 점점 심화되고 있음을 봅니다. 예수 믿는 이들도 동일합니다. 성공지상주의 신앙에 빠져있습니다. 그래서 성공이 곧 복 받은 신앙이라는 착각에 빠져있습니다. 세상에서 성공한 사람이 믿음이 좋은 사람이라는 이상한 등식이 한국교회 안에 퍼져있습니다. 결국 다른 사람을 죽이지 않으면 자신이 죽어야 하는 비정한 정글에 살고 있는 셈입니다. 이것은 천박한 자본주의가 가져다 준 결과입니다. 그래서 수단과 방법을 가리지 않고 성공하려고 목을 매고 있습니다.

　　그런데 이러한 모습이 교회 안에도 자연스럽습니다. 아이들은 시험기간만 되면 주일에 보이지 않습니다. 학원의 위력에 빠져서 예배를 드리지 않습니다. 부모들 역시 이러한 모습을 자연스럽게 받아들이고 있습니다. 살아계신 하나님께 예배하는 것이 삶의 가장 소중한 것임을 인식하지 않습니다. 아이들의 성공이 우선입니다. 하나님도 다 이해하실 것이라는 샤머니즘에 빠져있습니다.

성경적인 신앙이 다 사라진 모습입니다. 초대교회 성도들이 순교의 자리에 서면서까지 지켰던 믿음을 성공과 돈에 다 팔아먹었습니다. 그러므로 "긍정의 힘"이라는 책이 날개 돋이듯 팔리는 것입니다. "긍정의 힘"은 한국교회의 실체를 잘 보여주는 현상입니다. 도대체 성경을 조금이라도 알고 있으면 어떻게 이러한 책이 한국교회 안에 중요한 책으로 자리 잡을 수 있는지 이해할 수 없습니다. 그런데 아직도 이러한 책을 소개하고 있는 우매한 사람들이 있습니다.

추락하는 것에는 이유가 있다.

한국교회가 이렇게 실추된 것은 바로 목사들의 "천박한 설교" 때문입니다. 참된 복음을 전하기보다는 교회가 성장하고, 성도들이 성공하는 길만을 제시합니다. 사람들의 귀를 간지럽게 해주는 일에 열심을 내고 있습니다. 좁은 문을 열고 좁은 길을 가야하는 순례자의 삶에 대하여 강조하지 않습니다. 나를 따르려거든 자기 십자가를 지고 가야 함을 강조하지 않습니다. 죄의 죽임에 대한 강렬한 외침이 없습니다. 정직하게 살다가 실패하였다면 그 자체도 하나님 앞에서 아름다운 것임을 말하지 않습니다. 사람들이 교회를 떠날 것이 두려워 본문의 내용과 관계없이 자기 계발과 성공을 위한 단계를 전합니다. 어디에도 복음은 없고 울리는 꽹과리만 있습니다. 이렇듯 성경적 설교가 전해지지 않으면 성도를 무능하게 만들고 교회를 멍들게 합니다.

바울은 말세에 이르면 나타나는 병폐를 다음과 같이 말했습니다. "때가 이르리니 사람이 바른 교훈을 받지 아니하며 귀가 가려워서 자기의 사욕을 좇을 스승을 많이 두고 또 그 귀를 진리에서 돌이켜 허탄한 이야기를 좇으리라 그러나 너는 모든 일에 근신하여 고난을 받으며 전도인의 일을 하며 네 직무를 다하라(딤후 4:3-4)"

지금 우리의 때가 이러한 모습을 가지고 있다고 할 수 있습니다. 설교의 권위가 힘을 잃고 있습니다. 강단에서는 사람들의 귀를 간지럽게 해주는 허탄한 이야기가 들려지고 있습니다. 그러므로 성도들이 허탄한 것을 목적으로 삼고 살아갑니다. 설교는 성도의 삶을 변화시킵니다. 그러므로 설교를 통해 하나님의 뜻이 들려져야 합니다. 사람의 교훈이 아니라 성경이 강해되어져야 합니다. 설교가 그 자리를 바로 회복할 때 교회가 건강해지고, 성도들의 삶이 진실해집니다. 한국교회의 강단이 성경만을 강설할 때 소망이 있습니다. 이것이 종교개혁의 유산을 이어가는 일입니다.

설교의 중요성

허순길 목사는 목사와 설교의 중요성을 다음과 같이 강조합니다.

"설교의 말씀이 곧 하나님의 말씀이니 설교자는 말할 수 없는 큰 직책을 지고 있다. 그는 강단에서 자기의 종교적인 신념이나 신앙적인 체험을 소개할 수 없다. 성경에 계시해주신 하나님의 말씀만을 전해야 한다. 그러니 목사는 매주 가장 많은 시간을 설교 준비하는 일에 바치기 마련이다. 개혁교회 목사는 하나님의 설교를 만드는데 적어도 이틀 이상을 드리고 있다. 그러니 개혁교회에서는 임기응변적인 설교란 존재하지 않는다."

설교의 가치를 분명하게 보여주는 관점입니다. 목사는 한편의 설교를 위하여 온 힘을 다 쏟아야 합니다. 그러면 충만한 설교가 나옵니다. 설교는 삶의 유익을 위한 강연이 아닙니다. 설교는 하나님의 말씀을 바르게 강설하는 것입니다. 그러므로 때때로 우리의 영혼에 못이 박히는 아픔을 경험합니다. 듣는 것이 아프기도 합니다. 그래서 때로 성도들이 교회를 떠나기도 합니다. 하지만 하나님의 말씀이기에 전하지 않을 수 없습니다. 특히 설교자는 연속강해설교를 하는 것이 건강한 설교를 하는 좋은 방법입니다.

바른 설교가 들려지면 성품의 변화가 있는 성화가 나타납니다. 하지만 설교가 바르지 못하면 종교적인 기능과 기술을 연마 할 수 있겠지만 성품의 변화가 나타나지 않습니다. 이것이 한국교회가 세상으로부터 모욕을 당하는 이유 가운데 하나입니다.

한국교회가 다시금 자신의 자리를 찾으려면 광야에서 가감 없이 복음을 전하였던 세례 요한의 심령을 회복하여야 합니다. 온전히 우리에게 계시하여준 예수 그리스도를 전해야 합니다. 오직 그리스도만이 흥하여지는 설교를 감당해야 합니다. 자신의 밥그릇 때문에 하는 설교라면 그만 목사직을 내려놓아야 합니다. 설교자는 언제나 그리스도 앞에서 심판 받을 것을 생각하면서 계시의 말씀을 강설하여야 합니다.

권위의 회복

설교의 권위가 회복되지 않고서는 교회의 권위는 회복되지 않습니다. 설교자의 권위가 설교를 통하여 바르게 회복되면 교회도 회복됩니다. 바른 설교가 선포되면 건강한 성도가 세워집니다. 더 이상 강단의 설교가 코미디가 되어서는 안 됩니다. 모든 사람이 다 진지하니 나 한 사람쯤은 웃겨도 된다는 생각은 성경의 가르침이 아닙니다. 성경이 목사를 교회의 설교자로 세울 때 한 사람 정도는 자기 소견에 옳은 대로 설교하라고 하지 않았습니다. 설교자의 사명은 오직 바른 교훈을 듣기를 싫어하는 세대에 바른 교훈을 전하는 일입니다.

　한국교회를 살리는 길은 성장을 위한 설교, 성도들의 귀를 간지럽게 하는 설교, 성공을 위한 설교가 아닙니다. 십자가의 복음을 전하는 것입니다. 이 일이 교회를 살립니다. 목사의 할 일은 교회를 성장시키는 것이 아닙니다. 목사를 그러한 존재로 부르시지 않았습니다. 목사는 복음을 전하고, 진리를 가르치는 존재로 부름을 받았습니다. 이 자리를 잃어버리면 안 됩니다. 목사의 자리가 뒤바뀌는 순간 교회는 멍이 들고, 천박한 성도를 만들어 냅니다. 성도들이 삶의 현장에 예수 그리스도를 통하여 이루어진 큰일에 대하여 전하는 것이 아니라 예수 믿고 복 받았다는 이야기만 한다면 그것은 일종의 종교인일 뿐이지 구별된 그리스도인이라 말할 수 없습니다.

　예수님의 이야기가 나오지 않고 삶의 체험만이 성도의 입술을 통하여 들려진다면 설교자는 바른 복음을 전하지 않은 책임을 감당해야 합니다. 소망에 관하여 묻는 자에게 대답할 것을 항상 준비하는 자가 되려면 바른 복음을 듣고 배워야 합니다. 그렇게 해야 헛소리 하지 않고 하나님을 영화롭게 합니다. 한국교회를 멍들게 하는 "천박한 설교"에서 벗어나야 합니다. 그리고 모두가 그리스도의 십자가를 전해야 합니다. 거기에 참된 인생의 기쁨이 있습니다. 한국교회의 개혁은 바로 강단의 개혁입니다. 강단의 개혁은 계시의 정신을 바르게 전하는 일입니다. 이 일은 더 이상 사람의 귀를 간지럽게 해주는 설교자 되지 않기를 작정하는 일에서부터 시작합니다. 힘들어도 복음의 진수를 전하는 일에 온 생명을 바쳐야 합니다. 이러한 설교가 교회를 회복합니다.

5

부족한 구원관

한국교회는 1960-1990년까지 30년 동안 서구교회 수백 년의 역사를 이루었습니다. 교회가 방방곡곡에 세워지고, 많은 젊은이들이 목회자와 선교사로 헌신하였습니다. 교회는 성도들로 북적거렸습니다. 기독교에 대한 사람들의 기대는 높아만 갔습니다. 사회의 중요한 곳에 기독교와 관련이 없는 곳이 없게 되었습니다. 이렇게 한국교회의 위상은 높아만 갔습니다.

한국교회의 성장은 이루 말할 수 없는 하나님의 축복입니다. 세계 교회사 가운데 한국교회와 같은 모습은 찾아볼 수 없습니다. 단기간에 세계 교회의 중심 멤버가 될 수 있었던 것은 참으로 놀라운 일입니다. 특별히 1907년에 일어난 부흥은 한국교회를 사랑하신 하나님의 마음을 볼 수 있습니다. 교회의 역사는 부흥의 역사라

빠름에서 바름으로

고 할 수 있습니다. 부흥이 일어난 곳에 교회는 견고하게 세워졌기 때문입니다.

서구교회의 침체기에도 한국교회는 계속하여 성장하였습니다. 서구교회는 전후 세대들이 교회를 이탈하여 무신론자가 되거나 동양종교에 심취하여 교회를 떠나는 일들이 난무할 때 하나님은 한국교회를 착실하게 준비시켰습니다. 비록 일제의 핍박을 받는 과정과 6.25라는 전쟁의 상처가 있었지만 하나님은 한국교회를 보호하셨습니다. 한국 땅에 흘려진 순교자들의 피가 헛되게 사라지는 것이 아니라 아름답게 열매 맺게 하여 주셨습니다.

신뢰받지 못하는 교회

그러나 2000년대가 되면서 한국교회는 침체기에 들어서고, 마침내 하강하기 시작하였습니다. 한국교회를 향한 기대치가 바닥으로 치닫기 시작하였습니다. 80% 이상의 사람들은 교회를 신뢰하지 않고 있습니다. 그리고 차마 입에 담기 힘든 욕을 하기 시작하였습니다. 대한민국을 살렸던 한국교회가 동네북이 되어버린 것입니다. 너무나 서글픈 모습이 지금의 자화상입니다.

한국교회가 이렇게 된 이면에는 성화에 관심이 없는 그리스도인들의 삶이 있습니다. 성화가 없는 신앙은 샤머니즘에 불과합니다. 진리가 종교로 전락하여 버렸습니다. 그러자 더 이상 진리로서의 힘을 발휘하지 못하는 것입니다. 성경이 보여주는 진리는 의롭게 됨과 거룩함의 균형입니다. 그런데 한국교회의 실수는 거룩한 삶에 대한 강조를 왜곡한 것입니다. 신앙의 축복이 성공에 있음을 너무나 강조하였습니다. 물론 어려운 시기를 이겨야 하는 시대적 아픔이 있기는 하였으나 복음은 거짓 없이 전해야 했습니다.

하지만 한국교회는 구원의 참된 의미가 종합적임을 전하지 못하였습니다. 구원은 칭의와 성화의 종합적인 사역입니다. 물론 구원은 우리의 행위로 이루어지지 않습니다. 구원은 전적인 하나님의 은혜를 통해 믿음으로 이루어집니다. 그리고 이렇게 이루어진 칭의는 영원합니다. 여기에는 누구도 이의를 제기할 수 없습니다. 하지만 구원은 칭의에 머무는 것이 아닙니다. 칭의와 성화는 동시에 일어납니다. 칭의는 단회적이지만 성화는 영원합니다. 성화가 구원의 조건이라는 말은 아닙니다. 그러나 칭의는 반드시 성화와 함께 존재합니다. 성화가 없는 칭의는 존재하지 않습니다. 하나님은 우리를 의롭게 하시고 또한 거룩하게 하십니다. 그러므로 구원은 이러한 성화를 통하여 완성됩니다.

칭의와 성화

한국교회의 슬픔은 칭의만 있고 성화가 강조되지 않는 것이라 할 수 있습니다. 이러한 모습이 현실 속에 나타난 것이 바로 신자의 성숙 없는 교회의 성장입니다. 신자들은 삶의 영역에서 변화가 없는데 교회는 날마다 커져만 갑니다. 사람들이 교회에 모이기는 하지만 성화된 그리스도인의 삶에는 관심이 없습니다. 당장의 삶의 문제만을 해결하기를 원합니다. 이름만 기독교이지 샤머니즘과 다를 것이 없습니다. '비나이다' 신앙에 머문 한국교회는 더욱 개인주의로 달려갔습니다. 교회를 통하여 나타나야 할 사랑과 공의가 잘 보이지 않고 세속적인 냄새만 풍겼습니다. 여전히 교회의 크기가 중요하고, 큰 교회에 다니는 것을 대단한 자랑으로 생각합니다. 그러는 동안 기독교인의 장점인 정직과 헌신은 점점 사라지고 고집과 부정과 이기심이 그리스도인들의 별명이 되어갔습니다. 정말 듣기 싫은 소리이지만 사실이었습니다.

성화는 시간이 갈수록 그리스도를 따르는 일입니다. 신앙은 성화 즉 변화를 이루어가는 과정입니다. 마치 아이일 때는 자기중심적이지만 성인이 되면 이웃을 배려하게 되는 것처럼 미성숙한 성도는 자기중심적이지만, 성숙한 신자는 공동체 중심적이 됩니다. 신앙이 자라면 생각이 자랍니다. 이기적인 존재에서 이타적인 존재로 살아갑니다. 그렇게 성품의 변화가 옵니다. 성화는 하나님의 은혜가 무엇인지를 보여주는 실제입니다. 그리스도인이 하나님의 은혜를 받았음을 보여주는 열매는 다른 것이 아니라 바로 성화입니다. 거룩한 삶을 살아가는 삶의 모습에서 그리스도인의 진가가 나타납니다.

성경은 우리에게 성공과 부를 구하라고 말하지 않습니다. 이 모든 것은 이방인이 하는 일이라고 말합니다. 우리가 구할 것은 그의 나라와 의입니다. 성공과 부는 하나님이 주시는 선물입니다. 하나님의 손에 있습니다. 그리고 하나님의 뜻에 합당하게 사용할 수 있는 자에게 주십니다. 그러므로 하나님의 선물을 받았는지는 그의 거룩한 삶에서 알 수 있습니다.

거룩함은 단지 윤리적인 정직함을 의미하지 않습니다. 거룩함은 죄 죽임을 통하여 이루어지는 영적인 일입니다. 죄를 죽이는 일이 없이는 결코 거룩함에 이를 수 없습니다. 죄 죽임은 오직 의롭게 된 자만이 할 수 있습니다. 하나님의 의는 우리로 하여금 죄를 죽이는 일에 동참하게 합니다. 죄를 죽이는 일이 바로 성화이기 때문입니다. 그러므로 구원은 이러한 죄 죽임의 모습이 반드시 동반됩니다.

우리가 구원 받은 백성이라면 반드시 죄를 죽이는 일에 열심을 내야 합니다. 죄에 굴복당하는 것이 아니라 죄와 상관하지 않는 것입니다. 죄가 찾아 올 때 분별하고 피하는 것입니다. 이것이 성화입니다. 그리고 우리의 구원이 온전함을 보여주고 동시에 구원의 확신을 갖게 합니다. 그런데 한국교회는 이러한 죄 죽임의 가르침이 너무 빈약합니다. 구원 받은 백성의 삶에 큰 관심을 두지 않습니다. 그러므로 구원에 대한 자신감을 주지 못합니다. 구원은 종교 생활을 잘하고 사람들과 잘 어울리는 것에 있지 않습니다. 구원은 의롭게 된 자로서 죄 죽임의 자리에 날마다 서는 일입니다. 죄를 죽이지 않고 구원을 말할 수 없습니다.

우리가 하나님의 은혜로 의롭게 되었다면 우리는 하나님의 영광을 위하여 거룩하게 살아야 합니다. 삶의 모든 영역에서 죄를 죽이는 일과 하나님을 영화롭게 하는 일이 나타나야 합니다. 이것이 참된 구원입니다. 그리스도의 십자가의 은혜가 바로 여기에 있습니다.

6

재정의 불투명성

한국교회를 걱정하는 분들과 이야기를 하다보면 이구동성으로 교회 재정에 대한 불신을 말합니다. 여기에는 목회자와 성도들 간의 구별이 없습니다. 재정에 대한 불신은 어제 오늘의 이야기는 아닙니다. 여전히 많은 교회들이 성도들에게 교회 재정을 공개하지 않고 있습니다. 또한 공동의회를 통하여 재정에 대한 의견을 내거나 문제점을 지적하면 그날로 교회에 찍혀서 고난의 길을 간다는 소리도 난무합니다. 너무나 당연한 일인데 실제의 상황은 매우 암담합니다. 재정에 대한 이야기만 하면 이상한 눈으로 쳐다보는 것이 현실입니다.

상당수의 교회들이 1년에 한두 번 정도 재정보고를 하고 있습니다. 그래서 재정의 흐름은 담임목사를 비롯한 몇몇 사람들만 알

빠름에서 바름으로

고 있고 성도들은 재정의 흐름에 대하여 전혀 모르고 있습니다. 일부는 알려고 하지도 않습니다. 알면 시험 든다는 말로 피합니다. 그러니 재정이 어떻게 들어오고 나가는지 알 수가 없습니다. 그러다가 교회에 문제가 생기면 비로소 정신을 차립니다. '소 잃고 외양간 고치는' 격입니다.

재정의 문제는 큰 교회, 작은 교회 구분이 없습니다. 재정은 교회의 규모에 관계없이 투명하게 사용되어야 합니다. 성도들도 예산의 집행부터 결산에 이르기까지 그 흐름을 알고 있어야 합니다. 그렇다고 재정에 일일이 간섭하자는 것이 아닙니다. 재정이 투명하게 흘러간다는 신뢰가 있으면 더 이상 교회에서 돈 문제로 인해 상처를 받지 않습니다.

내부의 적

한국교회 내부에 있는 적들 가운데 하나로 재정의 불투명함을 말하는 것은 재정이 사적인 돈으로 전락할 수 있기 때문입니다. 그것은 죄를 짓는 자리로 성큼 걸어가게 합니다. 교회의 재정이 투명하게 집행되기 위해서는 예산계획부터 결산에 이르기까지 성도들에게 공개되어야 합니다. 그래서 일부의 결의로 엄청난 돈들이 불의하게 사용되는 것을 막아야 합니다. 오래전 한국교회가 이단으로 결정한 한 집단의 대표가 재정을 가지고 도박을 했다가 많은 돈을 잃었습니다. 그것이 언론을 통하여 알려졌습니다. 그런데 그 대표는 부끄러움도 모르고 모두 교회를 위하여 한 일이라고 항변하였습니다. 더 부끄러운 일은 그러한 사실이 밝혀져도 그 단체는 아무런 문제를 제기하지 않았다는 것입니다.

또 어떤 교회 목사는 30억 원 이상의 돈을 영수증 없이 자신의 계좌를 통하여 자유롭게 사용하였다가 문제에 직면하였습니다. 이 목사는 선한 사업에 쓴 것이라고 하면서 자신은 죄가 없다고 항변하였습니다. 더구나 당회가 결정하였기 때문에 정당하다는 항변입니다. 이것은 생각 할수록 무서운 일입니다. 교회가 당회에 재정을 위탁 하였다고 하더라도 그것은 정직하고 투명하게 그리고 선하고 아름다운 일에 사용하라는 의미이지 마음대로 사용하라는 뜻이 아닙니다.

그런데 어찌 죄의 자리에 사용할 수 있겠습니까? 또한 교회가 그러한 재량을 주어도 돈을 사용하는 이들은 그 증빙을 잘 남겨야 합니다. 그것이 교회를 바르게 세우는 일입니다. 이 외에도 참 부끄러운 일들이 많이 있습니다. 교회의 재정은 정직하고 투명하게 사용되어야 합니다. 재정의 목적은 교회를 세우고, 하나님의 의를 드러내는 것에 있습니다. 혹 교회가 결정하였다 하더라도 그 사용처가 불의하다면 마땅히 징계 받아야 합니다. 건강한 교회는 재정에 있어서 투명합니다. 그래야 교회를 견고하게 세울 수 있습니다. 그러나 이 일에는 수고가 따릅니다.

재정보고가 두려운 이유

개척 당시에 교회 재정을 공개하기로 마음먹고 그 실천 방식에 관하여 친구들과 선배들에게 문의를 하였습니다. 어떻게 하는 것이 가장 합리적인 방법인지 알고 싶었기 때문입니다. 그런데 돌아온 대답은 하지 말라는 소리였습니다. 여러 가지 권면이 있었지만 그것을 요약한다면 크게 세 가지입니다.

"첫째, 성도들이 부담을 느낀다. 둘째, 자유로운 재정집행이 어렵다. 셋째, 교회 성장에 도움이 되지 않는다."

이유가 그럴듯하였습니다. 교회 개척을 해 본 이들은 이 말이 어떤 의미인지 알 수 있을 것입니다. 재정이 투명하게 공개되어야 하는 것은 당연하지만 현실에 적용하기까지는 많은 고민이 되는 부분입니다. 하지만 재정을 투명하게 관리하고 공개하는 것이 합당하다는 생각을 지울 수 없었습니다. 그러던 중 타 교회 성도가 신앙 상담을 요청하였습니다. 교회에 대하여 많은 실망을 가진 분이었습니다. 그의 말에서 많은 아픔을 느낄 수 있었습니다. 짧은 상담이었지만 상담 내용의 대부분은 교회 재정 문제였습니다. 교회의 헌금이 어떻게 사용되는지 도저히 알 수 없는 것은 물론이고, 재정에 관하여 질문하면 이상한 사람처럼 쳐다본다는 것입니다.

그런 상황이 너무 힘들어 어떻게 해야 할지 모르겠다는 고민이었습니다. 그리고 얼마 지나지 않아 한 지인으로부터 동일한 한탄을 듣게 되었습니다.

고민하고 기도하고 있던 중 만난 사람들을 통하여 재정의 공개 결심을 하게 되었습니다. 지금은 재정을 공개하고 세금을 내는 교회가 많아졌지만 10여 년 전만 해도 그렇지 않았습니다.

교회의 재정을 매월 공개하는 것에 여러 가지 불편함이 따르는 것은 사실입니다. 더구나 작은 규모의 교회는 사실 재정의 내용이 간소하기 때문에 하는 것이 오히려 부담스럽게 보일 수 있습니다. 하지만 작을 때 하지 않으면 클 때도 하지 않을 수 있습니다. 교회의 재정은 소수가 독점하는 것이 아닙니다. 하나님의 것입니다. 그러므로 하나님의 공동체에 정직하게 보고하는 것이 합당합니다. 그래야 죄가 아니라 선을 행할 수 있습니다. 재정의 불투명은 분명히 한국교회의 적입니다.

투명성과 정직성

재정의 문제는 교회를 어렵게 하는데 자주 악용됩니다. 최근에 한 사이비 집단이 교회를 흔들려는 목적으로 침투하였습니다. 이들이 주로 하는 것 가운데 하나가 바로 성도들로 하여금 불투명한 재정 상태를 의심하여 교회를 불신하게 하는 것입니다. 이것은 대부분의 교회가 재정적으로 투명하지 않다는 것을 무기 삼은 것입니다. 결국 재정의 투명성이 교회를 사악한 세력으로부터 지켜주는 방어막을 합니다.

한국교회의 아픔 가운데 재정 문제가 많은 부분을 차지하고 있습니다. 그래서 교회에 분란이 일어나면 반드시 재정 문제가 수면 위로 떠오릅니다. 그리고 진리의 싸움은 사라지고 재정에 대한 진흙탕 싸움만 남습니다.

이러한 일련의 사건들은 재정에 대한 생각들을 더욱 굳게 하였습니다. 그래서 개척한 첫 달부터 교회 재정을 투명하게 기록하고 공개하였습니다. 성도가 있든 없든 교회 재정에 관하여 투명하게 관리하고 정직하게 사용하고 공개하였습니다. 그리고 이를 더욱 분명하게 하기 위하여 정관을 제정하였습니다. 교회 헌법이 있지만 헌법에 없는 내용들을 중심으로 정관을 작성하였습니다. 그리고 재정 원칙과 교회가 분란이 혹 일어난다 하여도 임의적으로 재정을 처분 할 수 없도록 작성하였습니다. 동시에 매월 첫 주에 재정을 보고서로 작성하여 공개하였습니다.

그런데 감사한 것은 교회 재정을 공개하고 보고하는 것에 대한 여러 사람들의 생각과 다르게 오히려 교회는 건강하였고, 성도들은 교회와 목회자를 신뢰하였습니다. 특히 언제 어디서나 자신의 헌금 내역을 확인할 수 있는 회계 시스템인 나눔셈[1]은 교회를 더욱 신뢰하게 만들어 주었습니다. 여기에 그치지 않고 2년 동안 최호윤 회계사의 자원 봉사를 통하여 외부 예·결산 감사를 받았습니다. 그리고 이후에는 2년 동안 배운 방식대로 자체 감사가 진행되었습니다. 작은 교회이기에 재정이 얼마 되지 않지만 정직하고 투명하게 사용되는 것에 대하여 성도들은 자부심을 가지게 되었습니다. 교회 성장에 걸림돌이 될 것이라는 생각과 다르게 오히려 교회가 건강하게 자라는 계기가 되었습니다.

그래서 재정의 건강을 위하여 교회는 좀 더 적극적인 행보를 하였습니다. 바로 목회자의 세금 납부였습니다. 세간의 논란과 관계없이 교회는 이 일을 실행하였습니다. 지금은 많은 도움이 있지만 신고할 당시에는 세무서 직원들조차 목회자의 세금 납부에 대하여 관심이 없었습니다. 그러므로 매우 어려운 과정을 겪어야 했습니다. 그런데 다행히 기윤실과 함께 공조하여 무난히 신고할 수 있었습니다.

그리고 재정의 문제에 있어서 가장 큰 골칫거리인 목회자의 퇴직금 문제를 해결할 수 있는 방안을 찾기 시작하였습니다. 이 문제는 단기적인 방법으로 해결할 수 없어서 장기적인 해결을 위한

---

1) 나눔셈은 최호윤 회계사가 세운 단체다. 나눔셈은 비영리단체와 교회들이 재정에 있어서 투명하고, 정직하게 집행 할 수 있도록 만들어 놓은 실무자 중심의 회계프로그램이다. http://www.nanumsem.kr/

방법으로 파트 사역자들까지 건강보험료와 함께 국민 연금을 지출하였습니다. 당장은 잘 보이지 않지만 이들의 사역이 30~40년이라고 한다면 큰 힘이 될 것이 분명합니다.

교회 재정의 투명성과 정직성을 위하여 최소한의 일을 감당하였습니다. 그러는 동안 많은 사람들이 염려하였던 모습은 나타나지 않았습니다. 오히려 교회는 건강하였고, 신뢰가 쌓였으며 급속한 성장은 없지만 꾸준히 자라났습니다. 더구나 재정 원칙에 따라 구제와 선교 그리고 지역을 섬기는 일을 멈추지 않았습니다. 물론 이 일이 쉽게 되지 않고, 힘들다는 것을 잘 알고 있습니다. 하지만 교회가 처음 세워질 때부터 자발적 불편을 살아 보자고 하였습니다. 그래서 교회의 회원이 되는 것도 힘들고, 직분을 받는 것은 더욱 힘들어서 많은 이들이 왔다가 견디지 못하고 떠나갔지만 교회는 흔들리지 않았습니다. 더디지만 자라고 있음을 보았습니다.

한국교회가 당연히 해야 할 일들을 하지 않을 때 내외적으로 시험에 휩싸일 수 있습니다. 재정의 투명성과 정직성은 상식적인 것임에도 불구하고 감당하지 않을 때 세상으로부터 교회는 몰상식한 곳이라는 말을 듣게 됩니다. 그 소리가 교회를 부끄럽게 합니다. 교회의 재정은 하나님의 것입니다. 우리는 하나님 앞에 헌상을 합니다. 그러므로 하나님의 뜻에 따라 사용되어져야 합니다. 그 모든 것은 철저하고 투명하게 그리고 정직하게 집행되고 보고되어야 합니다.

또한 교회의 재정이 세속적 방법으로 사용되어서는 안 됩니다. 즉, 재정을 통하여 펀드를 조성한다든지, 부동산 사업을 한다든지 하는 것은 하나님의 거룩성을 훼손하는 일입니다. 재정의 사용은 하나님의 거룩하심을 나타내는 일에 사용되어야 합니다.

교회가 재정을 공개하고 투명하게 사용하는 것을 확인하는 것은 교회의 교회다움을 보여 주는 일입니다. 재정에 대한 정직함은 교회를 거룩하게 만들어 줍니다. 정직한 재정 사용은 교회의 본질을 회복하는 데 큰 힘이 됩니다. 또한 재정의 공개는 일만 악의 뿌리가 되는 돈을 사랑하고 있지 않음을 보여 주는 일입니다. 교회가 온전한 복음을 전하고 있다면 재정의 투명성은 열매로 나타납니다. 사실 신뢰받는 교회, 정직한 교회가 되는 길은 작은 것에서 시작됩니다. 작지만 큰일을 감당할 수 있습니다. 특히 우리 시대는 교회를 향한 사회의 시선이 따갑습니다. 이러한 때 교회의 거룩함을 보여주고, 교회의 건강함을 나타내는 일에 적극적으로 동참해야 합니다. 투명한 재정운영은 교회의 건강함을 보여 주는 작은 시작입니다.

7

도덕적 무능력

"43위" 와 "42%"

국제 투명성 기구에 따르면 2014년 한국의 부패인식지수는 175개국 중 세계 43위입니다. OECD 가입 34개국 중에서는 27위입니다. 이것은 한국 사회가 경제적인 성장에 비해 투명지수가 따라오지 못하고 있음을 보여줍니다. 또한 기윤실이 조사한 한국교회의 신뢰지수에 의하면, 한국교회가 신뢰도 제고를 위해 바뀌어야 할 것'으로 '교인과 교회 지도자들의 언행일치'가 42%로 가장 높았습니다.

이러한 조사를 보면서 알 수 있는 것은 교회 밖에 있는 사람들이 교회에 기대하는 것은 다름이 아니라 도덕성이라는 사실입니다. 교회가 도덕성의 상징이 되어야 하는데 오히려 도덕성을 회복해야 한다고 합니다. 이것은 교회가 얼마나 도덕적으로 무능한지를 잘 보여주는 반증입니다.

최근에 나타난 일련의 모습을 보아도 알 수 있습니다. 한 교단의 중진들이 노래방에 출입하고 도우미들의 시중을 받았다는 보도를 봅니다. 거기에 성추행하는 목사들의 이야기는 얼굴을 들 수 없게 합니다. 더 나아가 논문을 표절하고 거짓말을 밥 먹듯 하는 목사들이 있습니다. 그런데 이것이 목사의 문제만이 아닙니다. 성도들은 어떠합니까? 불의한 일에 대한 뉴스를 접할 때면 단골처럼 등장하는 것이 기독교인입니다. 기독교인이라는 이름을 가진 정치인들의 정직성은 바닥을 헤매고 있습니다. 가장 부패한 집단으로 뽑는 것이 아직도 정치계입니다. 그런데 그곳에 기독교인들이 1/3이나 차지하고 있습니다.

이런 이야기를 꺼내는 자체가 슬프고 가슴이 아픕니다. 좋은 이야기도 많은데 하필 이런 추한 이야기를 하느냐고 항변 할 수 있습니다. 그래서 마음이 더 아픕니다. 하지만 사실은 침묵한다고 숨겨지는 것이 아닙니다. 한국교회는 있는 사실을 그 자체로 안고 가야 합니다. 그래야 더 큰 죄를 범하지 않습니다. 철저하게 오늘 우리의 모습을 기억해야 합니다.

한국교회는 분명 세상으로부터 인정을 받지 못하고 있습니다. 동시에 하나님께도 인정받고 있다고 자신할 수 없습니다. 그 만큼 도덕적 능력을 상실하였기 때문입니다. 한국교회가 다시 살아나는 일은 도덕적 능력을 회복하는 일입니다. 잃어버렸던 신뢰를 회복하는 일입니다. 이 일이 바로 이루어질 때 비로소 교회의 영광을 회복할 수 있습니다.

예수님은 그리스도인이 누구이며, 어떠한 삶을 살아야 하는지를 산상설교를 통하여 분명하게 알려주었습니다. 예수님은 그리스도인의 정체성을 말하기를 바로 세상의 빛이며, 소금이라고 하였습니다.

"너희는 세상의 소금이니 소금이 만일 그 맛을 잃으면 무엇으로 짜게 하리요 후에는 아무 쓸데없어 다만 밖에 버리워 사람에게 밟힐 뿐이니라 너희는 세상의 빛이라 산 위에 있는 동네가 숨기우지 못할 것이요 사람이 등불을 켜서 말 아래 두지 아니하고 등경 위에 두나니 이러므로 집안 모든 사람에게 비취느니라 이같이 너희 빛을 사람 앞에 비취게 하여 저희로 너희 착한 행실을 보고 하늘에 계신 너희아버지께 영광을 돌리게 하라(마 5:13-16)"

그리스도인이 세상에서 빛과 소금의 역할을 감당하는 일에 있어서 해야 할 일은 바로 도덕적 능력을 회복하는 일입니다. 정직과 신뢰의 상징이 되는 것이 바로 빛과 소금의 역할을 하는 것입니다. 이것은 입술만의 고백으로는 아무런 효력이 없습니다. 실제의 삶에서 그 빛을 나타내고 그 맛을 보여주어야 합니다. 그래야 하나님께 영광을 돌릴 수 있습니다.

세상은 우리의 말만 듣고 움직이지 않습니다. 우리의 삶을 보고 움직입니다. 우리가 빛과 소금의 역할을 감당할 때 세상은 우리의 행실을 보고 하나님께 영광을 돌리게 됩니다. 그러므로 베드로 사도는 '믿음에 덕'을 더하라고 하였습니다. 덕이 없는 믿음은 건강한 믿음이 될 수 없습니다. 결코 세상을 진동시키는 믿음이 될 수 없습니다.

초대교회 성도들이 아름다운 것은 당시의 쾌락 문화와 다르게 살았기 때문입니다. 로마의 장교들이 자신들의 아내를 기독교인들의 집회에 보내는 일에 주저하지 않은 것은 교회 공동체의 도덕적 거룩함 때문이었다는 기록이 있습니다. 이방인들도 알아본 도덕적 능력이 초대교회의 부흥을 주도하였습니다. 교회의 능력은 다른 곳에 있는 것이 아니라 말씀이 삶에서 꽃을 피울 때 주어집니다.

무기력한 교회

오늘날 교회의 권위가 무너지고 '개독교'라는 말을 듣는 것은 성경의 가르침에 문제가 있기 때문이 아닙니다. 교리가 문제가 있어서도 아닙니다. 배타성도 아닙니다. 그렇게 생각하는 사람들이 혹 있을 수 있을지 모르지만 실제는 배타성이 아니라 도덕성입니다. 도덕적인 탈선이 교회를 무기력하게 만들어 버렸습니다.

착한 행실을 보고 하나님께 영광을 돌려야 하는데 착한 행실이 보이지 않으면 하나님께 영광을 돌리지 않습니다. 결국 교회는 점점 타락하고 세상으로부터 외면 받는 것입니다. 이러한 모습은 중세 교회의 모습이었습니다. 10세기 이후의 중세 교회는 타락의 내리막길을 달리고 있었습니다. 교회는 피폐하고 사람들의 삶도 부서지고 있었습니다. 하나님께서 개혁자를 부르시고 보내심은 바로 타락한 교회를 회복하시기 위함이었습니다. 말씀이 떠나간 자리에 남는 것은 타락의 추악함입니다. 개혁은 바로 이러한 추악함을 없애고 거룩을 회복하는 일이었습니다.

개혁의 불길을 통하여 곳곳에서 교회가 바로 세워지고 하나님을 영화롭게 하였습니다. 그래서 교회의 새로운 역사가 시작된 것입니다. 교회가 세워지는 곳마다 거룩함의 열매가 나타났습니다. 그러나 이것도 오래가지 못하였습니다. 점점 교회도 타락하고 이전의 로마교회의 모습처럼 되어가고 말았습니다. 오늘 한국교회의 모습 가운데 중세 로마교회의 모습을 볼 수 있는 것은 참으로 우울한 일입니다. 한국교회와 성도는 "개혁된 교회는 날마다 개혁되어야 한다"는 종교개혁자들의 구호대로 다시금 개혁되어야 할 자리에 서게 되었습니다. 우리는 진지하게 우리의 내면을 살피고 회개의 자리에 서야 합니다.

거룩함

거룩함이 없는 교회는 아무리 아름다운 외모를 가지고 있어도 시궁창 냄새가 납니다. 우리가 그리스도의 은혜로 말미암아 의롭게 되었다면 이제 그 의를 힘입어 거룩함으로 나가야 합니다. 구원은 바로 칭의와 성화의 종합 사역이기 때문입니다. 의롭게 되는 것과 거룩하게 되는 것은 동전의 양면입니다. 이 동전이 온전하게 인정받으려면 양면이 자신의 자리를 잘 지키고 있어야 합니다.

특별히 오늘날은 성적인 타락이 그 도를 넘고 있습니다. 기독교인들의 성에 대한 인식도 예전과 비교할 수 없을 정도로 개방적이 되었습니다. 혼전 성관계, 동거 생활, 계약 결혼, 그리스도인들의 이혼의 증가 등 갈수록 도덕적 해이가 심해지고 있음을 봅니다. 이 문제를 심각하게 받아들이고 준비하지 않는다면 더 이상 교회는 바른 진리를 전할 수 없습니다.

한국교회 안에 있는 도덕적 무능력이라는 돌을 뽑아 버리지 않으면 이것이 한국교회를 멍들게 합니다. 처음에 대수롭지 않게 여겼다간 큰 코를 다칠 수 있습니다. 도적적인 영향을 미칠 수 있도록 거룩함을 위하여 몸부림쳐야 합니다. 예수님은 사람들을 향하여 성도 즉 거룩한 무리라고 말합니다. 그리스도 앞에서 거룩하여진 존재가 바로 그리스도인입니다. 그러므로 그리스도인은 본질상 거룩함을 위하여 살아가는 존재입니다. 거룩함이 없는 그리스도인의 정체성은 가짜입니다. 참된 그리스도인은 의로움에만 머물지 않고 거룩함을 위하여 몸부림치며 달려갑니다.

한국교회를 살리는 일은 거창한 데 있지 않습니다. 아주 개인적이면서도 쉬운 일입니다. 바로 도덕적 거룩함을 유지하는 일입니다. 그런 의미에서 술 취하지 말라고 명령하는 것은 도덕적 거룩함을 위하여 필요한 조치임에 분명 합니다. 도덕적 무능력의 교회가 아니라 도덕적 능력의 교회가 되려면 부단한 노력과 애씀이 필요합니다. 사람들의 입을 통하여 하나님께 영광 돌리게 하는 일에 우리 모두 쓰임 받아야 합니다. 더 이상 부끄러운 소리가 들리지 않도록 분투해야 합니다. 한국교회를 통하여 다시금 하나님이 영광 받으시는 그 날이 오게 해야 합니다.

8

도구주의 목회

한국교회를 생각할 때마다 자주 떠오르는 말씀이 있습니다. 한국교회의 속살을 잘 보여주는 말씀이라 생각합니다.

"가르침을 받는 자는 말씀을 가르치는 자와 모든 좋은 것을 함께 하라 스스로 속이지 말라 하나님은 만홀히 여김을 받지 아니하시나니 사람이 무엇으로 심든지 그대로 거두리라 자기의 육체를 위하여 심는 자는 육체로부터 썩어진 것을 거두고 성령을 위하여 심는 자는 성령으로부터 영생을 거두리라(갈6: 6-8)"

바울이 갈라디아 교회에 보내는 편지입니다. 그런데 지금 한국교회에 더욱 필요한 편지입니다. 한국교회는 선생님이 부재한 교회 같습니다. 다 제각각 살아갑니다. 자신이 옳은 대로 살아가는 모습이 일반화 되어 있습니다. 선생이 부재할 뿐 아니라 선생을 삼기를 그리 좋아하지 않습니다. 자신의 삶에 제약이 되는 것을 싫어하기 때문입니다. 자유로운 신앙생활에 방해가 되는 것처럼 여깁니다. 그래서 신앙의 선생님이 장애물처럼 여겨지고 있습니다. 선생은 가르치는 자입니다. 가르치는 것은 가르침을 받는 자가 있을 때 성립합니다. 선생은 제자가 있을 때 유용한 말입니다. 제자가 없는 선생은 없고, 선생이 없는 제자도 없습니다. 그런데 한국교회에는 선생이 없습니다. 왜냐하면 선생의 가르침대로 살려고 몸부림치는 제자들이 보이지 않기 때문입니다.

선생인가? 도우미인가?

한번은 신학교 예배에 외적으로 성장한 교회의 목사가 와서 신학공부는 할 필요가 없다고 설교 하였습니다. 신학이 없어도 목회를 잘 할 수 있다고 소리를 높였습니다. 몰상식한 모습이지만 자신 있게 외친 것은 외적인 성장이 주는 자부심 때문입니다. 하지만 듣고 있으면 속이 상합니다. 자부심이 아니라 교만으로 가득 찬 추악함이 보이기 때문입니다. 이 사람에게는 자신이 나온 학교도 가치 없고, 자신을 가르쳐 주었던 선생도 쓸데없습니다. 자신이 학교를 다닌 것은 오직 졸업장을 얻기 위해서입니다. 얼마나 기가 막힌 일입니까? 교회가 얼마나 성장하였는지는 몰라도 이 분의 교만은 하늘을 찔렀습니다.

　그런데 이러한 분위기는 교회의 현장에도 나타납니다. 성도들이 자신들의 선생을 두지 않습니다. 가르침을 받기를 싫어합니다. 오히려 자신들의 경험을 우선합니다. 선생이 필요한 것이 아니라 자신들의 귀를 시원하게 해 줄 도우미를 요구합니다. 그래서 필요 없으면 언제든지 폐기처분합니다. 얼마나 서글픈 장면인지 모릅니다. 자신들의 마음에 들지 않으면 어제의 선생도 온갖 모함을 통하여 내어 버립니다. 자신이 마치 선생인양 자랑합니다. 양의 탈을 쓴 제자들이 많습니다. 이들은 자신의 모습을 바꾸려하지 않습니다. 진리가 무엇인지 관심 없습니다. 자신의 마음이 편한지 불편한지가 중요합니다. 다투는 교회마다 진리의 문제와는 관련이 없는 문제로 싸웁니다. 가르치지 않고, 가르침을 받은 적이 없으니 진리의 문제를 가지고 다툴 수가 없습니다. 선생도 없고, 제자도 없는 현실은 가장 비참한 상황입니다.

　바울은 가르침을 받는 자는 가르치는 자와 모든 좋은 것을 같이하라고 권면하고 있습니다. 진짜 아름다운 신앙의 모습은 신앙이 대를 이어 지속되는 것입니다. 이것이 우리 주님의 뜻이었습니다. 예수님은 마지막 명령에서 분명하게 선언하셨습니다.

　"내가 너희에게 분부한 모든 것을 가르쳐 지키게 하라 볼지

빠름에서 바름으로

어다 내가 세상 끝날까지 너희와 항상 함께 있으리라 하시니라(마 28:20)"

모든 것을 가르쳐 지키게 하는 것은 세상 끝 날까지 해야 할 일입니다. 그러므로 교회에는 주님 오시는 그날까지 선생과 제자가 있어야 합니다. 제자가 선생이 되고 다시금 제자를 만들고 그 제자가 선생이 되어야 합니다. 그것이 세상 끝 날까지 우리가 할 일입니다. 그러기 위해서 선생과 제자는 하나가 되어야 합니다. 이것이 교회를 유지하는 일입니다.

심은 대로 걷습니다.

그런데 여기서 우리가 눈여겨보아야 할 것이 또 하나 있습니다. "사람이 무엇으로 심든지 그대로 거두리라"는 말씀입니다. 이것은 교회의 본질을 잘 보여주는 내용입니다. 교회는 말씀이 기둥과 터가 되어서 세워집니다. 그리고 이 일을 위하여 설교자를 보내주시고 목회하게 합니다. 그러므로 무엇보다도 교회는 이러한 분명한 기준을 가지고 있습니다. '무엇으로 심든지 그대로 거두리라.'

바른 신학으로 심을 때 바른 신학이 있는 교회가 되어 집니다. 한국교회의 가장 큰 맹점은 신학과 신앙이 다르다는 것입니다. 신학교에서 배운 것과 목회의 현장에서 가르치는 것이 다릅니다. 즉 성경과 신앙이 다르다고 해도 틀린 말이 아닙니다. 말씀 따로, 삶 따로는 바로 신학의 부재에서 나온 결과입니다.

사람들은 신학이 문제가 아니라 삶이 문제라고 말합니다. 일정 부분 맞는 말입니다. 그러나 정답은 아닙니다. 왜냐하면 신학 없는 신앙은 불가능하기 때문입니다. 더욱이 사람들이 이러한 생각을 갖는 것은 신학이 있는 설교와 신앙 지도를 받은 적이 매우 드물기 때문입니다. 대부분 교회 성장과 성공의 비밀과 천국의 소망만을 배웠지 교회사에 흘러내려온 신학의 양분을 먹는 일은 하지 않았습니다. 귀찮고, 힘들고, 어렵다고 다들 피하였습니다. 그래서 가벼운 신앙인만 양산하였습니다. 어느 교회에서 신앙생활하여도 다른 것이 별로 없습니다. 그러니 목회자들의 입에서 나오는 말이 이제는 교단 색깔이 필요 없다는 말입니다. 매우 흥미 있는 말이지만 그러나 위험한 생각입니다. 이것은 교회들이 성도들을 생각하는 신앙인이 아니라 가벼운 신앙인으로 찍어내고 있음을 의미합니다. 이렇게 되면 이단과의 구별도 없습니다. 아니 할 수 없습니다.

흥미로운 것은 자유주의 신학에 따라 교회를 하고 있는 분들이 이단들의 침입에 대하여 반대한다는 것입니다. 신학적 자유를 말하는 신학교의 학자들이 이단들의 신학적 관점을 욕합니다. 너무나 흥미롭지 않습니까? 신학이 필요 없다면 어떠한 말도 할 수 없습니다. 신학이 없는 목회는 불가능합니다. 신학이 있어야 목회

할 수 있습니다. 그러므로 신학교에서 배운 대로 목회하는 것이 맞는 말입니다. 가르침을 받은 자는 가르치는 자와 모든 좋은 것을 함께 하는 것이 성경의 가르침입니다. 목사들의 선생인 신학교 교수들의 가르침이 목회의 현장에서 나타나지 않을 때 교회는 병들고 무너집니다.

그러므로 신학교는 자신의 정체성을 분명히 가지고 있어야 합니다. 그렇지 않으면 목회의 현장이 혼란스러워지고, 성도들이 힘들어 집니다. 동시에 교회는 부패되어집니다. 또한 신학교가 정치에 휘둘리고, 신학이 유행을 타면 교회도 그렇게 되고, 성도들도 퇴행합니다.

또한 교단들 역시 신학적 입장이 분명해야 합니다. 모든 것이 성장 중심으로 가면 한 세대는 별 탈 없이 가겠지만 다음 세대는 무너지고 맙니다. 지금 그러한 모습을 보고 있다고 할 수 있습니다. 목회자 역시 자신의 신학적 주체성을 가지고 목회해야 합니다. 그렇지 않고 경험대로 하면 자기 우상에 빠지게 됩니다. 그러니 목사가 이미 죽었음에도 불구하고 그의 생전 영상을 틀어놓고 모임을 갖는 비정상적이고 퇴행적인 모습을 보는 것입니다. 신학이 없이 설교하고, 목회하면 이상한 교인들을 만들게 됩니다.

바울은 심는 대로 거둔다는 위대한 말을 합니다. 바른 신학을 가지고 심을 때 바른 신앙을 거둘 수 있습니다. 그러므로 자신이 배운 대로 가르쳐야 합니다. 혹 자신이 배운 것이 틀렸음을 알고 새롭게 시작한다면 이전 것을 왜 버렸는지 역사적이고, 신학적인 분명한 근거가 있어야 합니다. 그렇지 않고 감정에 따르거나, 혹은 상황에 따른다면 가증한 신앙이 됩니다.

한국교회를 멍들게 하는 것은 선생이 없는 교회며, 신학이 부재한 교회입니다. 선생이 없는 교회는 자기 소견에 옳은 대로 살아가며 신학이 없는 교회는 겉은 화려해도 속은 썩은 냄새가 납니다. 그러므로 신학이 없는 목사들을 조심해야 합니다. 이들은 시마다 때마다 철따라 각종 성장 세미나를 따라 다닙니다. 한 영혼이 천하보다 귀한 것이 아니라 많은 교인들을 통하여 자신의 영광을 누리고자 하는 심리가 있습니다. 정말 하나님의 영광을 나타내는 교회를 세우려면 유행을 따르는 신앙이 되어서는 안 됩니다. 찬양이 유행이면 찬양에 목매는 신앙, 제자훈련이 유행이면 제자훈련에 목매는 신앙, 두 날개가 유행이면 두 날개 신앙, 공동체가 유행이면 공동체 신앙, 복지가 유행이면 복지 신앙이 되어서는 안 됩니다. 이것은 자칫 본질 없이 도구만 사용하는 신앙입니다. 아무리 도구가 좋아 보여도 도구는 도구일 뿐입니다. 목사는 자신의 목회에 대하여 분명한 신학이 있어야 하고, 흔들리지 않는 일관성을 가지고 목회하는 것이 중요합니다. 그럴 때 도구를 제대로 사용할 수 있습니다. 그리고 성도로 하여금 이 땅에서 일관성이 있는 삶을 살게 합니다. 이것이 바로 한국교회를 건강하게 하는 길입니다. 그러므로 신학이 없는 목회는 물리쳐야 합니다. 이것이 한국교회를 멍들게 한 이유입니다. 이제 우리가 할 일은 한국교회에 박혀있는 이 멍울을 뽑아내는 일입니다. 우리에게 필요한 것은 바로 신학이 살아있는 교회, 신학이 숨 쉬는 신앙, 참된 선생이 있는 교회입니다.

9

혼합주의 교회

2014년 기독교윤리실천 운동에서 조사한 여론조사가 발표되었습니다. 조사 결과는 매우 실망적이었습니다. 한국교회를 신뢰한다는 응답은 앞서 보았듯이 19.4% 정도밖에 되지 않습니다. 그런데 더 가슴 아픈 것은 기독교인의 교회 신뢰도가 50%이하인 47.5%라는 사실입니다. 수치상으로 본 한국교회의 현실은 비참 그 자체라고 할 수 있습니다.

불량품 교회

어떤 매체는 교회를 물건으로 비유하면 시중에 내놓을 수 없는 불량품이라고 한탄하였습니다. 어떤 사람은 당연한 결과라고 말합니다. 또 어떤 사람은 나도 한국교회를 신뢰하지 않는다고 말을 합니다. 이제는 안팎으로 모진 매를 맞고 있는 한국교회를 봅니다. 눈물이 나지 않을 수 없는 상황입니다.

　도대체 무엇이 선교의 피가 묻어있는 한국교회를 이 모양으로 만들었을까요? 한국교회가 이렇게 비참한 현실에 처하게 된 이유는 무엇일까요? 이미 앞에서 여러 가지 이야기를 하였지만 이렇게 눈물 나는 아픔을 겪게 된 주된 이유는 교회 안에 들어온 '혼합주의'라고 말할 수 있습니다.

　'혼합주의'는 세속주의의 통합된 표현이라 할 수 있습니다. 즉, '세속적 혼합주의'라고 말할 수 있습니다. 한국교회는 이미 신학적 순수성을 상실하여 버린 지 오래 되었습니다. 교회가 산업화의 영향으로 대형화되면서 복음의 본질인 십자가 정신을 상실하였습니다. 그리고 그 자리에 긍정의 힘으로 대변되는 성공신앙이 자리를 잡았습니다. 이러한 세속적 신앙은 교회를 야금야금 좀 먹었고 마침내 허물어 버렸습니다. 아직 외형은 그럴듯하게 남아있지만 그리스도의 몸과는 아무 관련이 없는 모습이 되었습니다.

교회 안에 있는 기생충

　저는 '기독교 세계관이 상실된 세상에서'라는 책에서 한국교회에 침투되어 있는 세계관을 언급하였습니다. 종교적 탈을 쓴 종교다원주의, 사상의 유령인 상대주의, 이원론적 신앙과 맘몬에 지배당하고 있는 천민자본주의, 개인적 평안과 풍요만을 따르는 현실주의, 교회를 밑동부터 허물고 있는 엘리트주의, 그리고 성적인 미혹에 유린당하고 있는 찰나적 쾌락주의들이 기생하고 있습니다.

　교회 안에서 이러한 모습들을 보는 것이 아주 자연스러운 일이 되었습니다. 절대적 진리에 대하여 고백하고 배우기를 싫어합니다. 가벼운 농담을 주고받는 것을 기뻐합니다. 그리고 오직 가진 자의 권력만 난무하고 있음을 봅니다. 부와 성공이 신앙의 기준이 되고 그것을 자랑합니다. 가난한 이들은 은혜 받지 못한 자로 취급당하고 있는 이상한 교회들이 우후죽순처럼 일어나고 있습니다. 학력과 미모와 권력이 대접받는 곳이 되었습니다. 그리고 누구도 이것을 이상하다고 말하지 않습니다. 우리 안에 있는 추하고 더러운 것과 싸워야 하는데 싸우지 않고 당연시 합니다.

　교회가 무엇인지 알 수 없어졌습니다. 온갖 잡동사니가 다 나타나고 있습니다. 아직도 수능 백일기도라는 샤머니즘적 요소가 교회 안에 횡횡하고 있습니다. 천도제 드리듯이 일천번제라는 헌금이 있습니다. 지성이면 감천이라는 유교적 신앙이 자연스럽습니다. 교회라는 이름만 있을 뿐 다를 것이 없습니다. 교회의 본질은 사라지고 종교의 외투만 남아있습니다. 그래서 모두들 종교인으로 사는 것에 익숙합니다. 그들에게 그리스도의 십자가는 중요하지 않습니다. 그리스도의 말씀이 다가오지 않습니다. 오직 가슴을 적셔주는 만담만 필요합니다. 메튜 미드는 이들을 '유사 그리스도인'이라고 불렀습니다.

교회 안에 있는 성도들이 하나님의 말씀을 통하여 자신의 전 존재를 살피고 가슴아파하며 사는 것을 거부합니다. '좀 쉽게 신앙생활 하면 안 되겠느냐'고 말합니다. 예수님은 우리를 향하여 좁은 문을 통과하여 좁은 길로 가라고 하는데 한국교회는 '그 길은 예수님만 가세요. 저는 큰 길로 가겠어요' 라며 거절합니다. 참으로 이상야릇한 모습이 되어가고 있습니다. 이러한 혼합주의가 결국 세상으로 하여금 교회를 외면하게 한 것입니다.

사실 한국교회의 문제는 어제 오늘의 일이 아닙니다. 교회들의 문제, 특별히 대형교회가 보여준 모습, 교회를 세습한 뻔뻔한 목사들 그리고 유명하다는 목사들의 탈선과 성도들의 부정부패 등 한국교회의 문제는 오랜 시간동안 흘러나왔습니다. 뿐만 아니라 교회 내적으로 직분을 돈으로 사고파는 매관매직의 모습들도 허다하였습니다. 이 문제들이 밖으로 나오기 전에 선지자들을 통하여 경고하였지만 듣지 않았습니다. 결국 돌들이 외치는 형국이 되었습니다. 말을 듣지 않는 이들을 향하여 하나님은 돌들을 사용하여 매질하고 있는 것입니다.

한국교회가 사는 길은 혼합주의 신앙에서 벗어나는 것입니다. 그리고 성경의 가르침으로 돌아와야 합니다. 바른 성경적 세계관을 가져야 합니다. 이것이 사는 길입니다. 한국교회를 멍들게 하는 혼합주의의 그물에서 벗어나서 십자가의 신앙으로 돌아가야 합니다.

10
정치적 이념

"좌파 정치인을 몰아내자, 보수 꼴통들을 내치자."

이 말은 일반인들의 이야기가 아닙니다. 같은 믿음을 가지고 있다는 그리스도인들의 입에서 나오는 구호입니다. 이것이 오늘 우리의 현실입니다. 나라만 분단된 것이 아니라 교회도 분단되어 있습니다. 이것이 한국교회의 슬픔입니다.

하나님의 진리는 정부의 이념에 따라 달라지지 않습니다. 왜냐하면 진리는 이념을 초월하기 때문입니다. 그러므로 이념에 사로잡힌 교회는 건강한 교회라고 말할 수 없습니다. 특히 정치적 이념에 따라서 말이 바뀌고 행동이 달라진다면 진리에서 떨어진 교회라고 말할 수 있습니다. 교회는 진리 위에서 흔들리지 말아야 합니다.

　한국교회를 볼 때 가장 가슴 아픈 것은 진리 위에서 이념을 바라보지 못하고 이념으로 진리를 판단하고 있는 모습입니다. 한국교회는 자신의 이념에 맞는 정부 형태에 따라서 카멜레온처럼 변하는 것을 볼 수 있습니다. 그래서 한때는 정치에 참여해서는 안 된다고 하였다가 때로는 적극적으로 정치에 참여합니다. 정치인들이 내세우는 것이 성경의 가르침에 부합하느냐 하지 않느냐가 중요한 것이 아니라 자신의 이념에 맞느냐 맞지 않느냐가 중요한 기준이 됩니다.

정치인들이 쉽게 사용하는 교회

　그래서 정치인들이 가장 쉽게 사용하는 것이 바로 교회입니다. 정치인들은 교회가 무엇을 좋아하는지 싫어하는지를 잘 알고 있습니다. 정치인들 가운데 교회에 출석하는 인원이 많은 것도 그러한 이유 때문인지 모릅니다. 정치인들 가운데 정말로 거듭난 그리스도인이 얼마나 되는지 의심스러울 정도로 공의와 사랑에 대하여 정직한 모습을 가진 것을 볼 수 없습니다. 너무나 당연하게 자신의 신앙을 조직의 논리 앞에 버리는 것을 자주 봅니다. 당선을 위해서는 자신이 대단한 신앙을 가진 것처럼 행동하지만 실제의 정치에서는 신앙적인 결단이 잘 보이지 않습니다. 모든 것이 집단의 이익을 위해서만 존재합니다. 성경이 가르치는 작은 자에 대한 간절함이 잘 보이지 않습니다.

그런데 교회는 매번 생각 없이 후보자가 교회에 다닌다는 이유 하나로 표를 줍니다. 그가 불의한 일을 했고, 거룩함이 보이지 않아도 단지 교회 다닌다는 이유로 지지하는 것을 봅니다. 반대로 그 사람이 가지고 있는 정직함과 거룩함이 구비되어 있다고 하더라도 이념에 따라 반대하는 경우도 있습니다. 그래서 하나님 앞에서의 거룩함이 아니라 정치적 이념에 따라서 움직입니다.

특히 한국교회는 분단이라는 현실로 인하여 많이 휘둘리고 있습니다. 정직하게 진실을 대면하는 훈련을 못하고 정치인들의 공작에 의하여 조작되어지는 것을 종종 봅니다. 그래서 이념에 따라서 불의한 일을 보았음에도 말을 하지 못하는 경우가 종종 있습니다. 동시에 선한 일을 하였음에도 불구하고 칭찬하지 못하는 것을 봅니다. 칭찬에 인색하고 비판에 능한 모습을 봅니다.

또한 국가적 재난에 대처하는 모습에서도 이러한 이념을 봅니다. 세월호의 희생은 이념과 관계없는 아픔입니다. 그런데도 정치인들은 이 모든 것을 이념으로 몰고 갑니다. 정직하게 문제에 직면하는 것이 아니라 정치적 이념에 따라 판단하는 것을 봅니다. 그런데 놀라운 것은 교회 역시 그러한 상황에 요동치고 있다는 사실입니다. 잘못을 잘못이라고 말하지 못한다면 더 이상 진리는 우리에게 가치가 없습니다.

정치적 이념에서 자유

한국교회가 정치적 이념에서 자유롭지 않는다면 반드시 그 대가를 치르게 될 것입니다. 교회는 정부의 형태에 따라 이리저리 춤추는 어릿광대가 아닙니다. 교회는 진리를 따라 움직입니다. 진리가 말하는 대로 행동합니다. 그렇지 않으면 국가교회로 전락하고 맙니다. 교회사 가운데 가장 슬픈 역사는 아마도 히틀러시대의 독일교회일 것입니다. 히틀러는 자신의 이념에 따라 교회를 재편하였습니다. 신앙도 자신의 이념에 따라 만들어 버렸습니다. 이들이 얼마나 추악한 일을 하였는지를 알 수 있는 예는 히틀러가 예수를 아리안족 출신이라고 조작하였던 것에서 볼 수 있습니다. 이러한 이유로 예수는 유대인과 관계없다고 말합니다. 얼마나 우스꽝스럽습니까? 이렇듯 정치적 이념에 물들면 교회는 더 이상 성경을 설교할 수 없습니다. 모든 일을 진리가 아닌 이념에 따라 행동합니다.

오늘날 한국교회가 바른 진리를 설교하지 못하는 것은 바로 이념에 물들어 버렸기 때문입니다. 십자가는 모든 이념을 뛰어넘습니다. 진보든 보수든 진리 앞에서는 두렵고 떨려야 합니다. 성경을 설교하면 우리는 어떤 자세를 가져야 할지를 스스로 알게 됩니다. 이념을 조장하는 것은 교회가 할 일이 아닙니다. 물론 성도는 그 설교를 듣고 자신이 있어야 할 자리를 잘 찾아야 합니다. 그가 어떤 자리에 있든 성경의 가르침에 따라 행동하여야 합니다. 이것은 말처럼 쉬운 것은 아닙니다. 하지만 포기해서도 안 되는 일입니다.

또한 정치적 이념에 흔들리면 건강한 토론이 불가능합니다. 정치적 이념은 집단 폭행을 가져옵니다. 그리고 상대방의 생각을 듣기 이전에 판단하므로 더 이상 선한 관계가 이어지지 못합니다. 마치 꽉 막힌 도로와 같아집니다. 이곳으로도 저곳으로도 갈 수 없는 형국을 맞이합니다. 이념만 남은 채 어설픈 관계만 유지합니다. 결국 성경이 말하는 것이 어떠한 것인지 알려고 하지 않습니다.

한국교회가 건강하게 살아나서 진리를 선언하려면 정치적 이념에서 멀어지는 훈련을 해야 합니다. 그리고 철저하게 성경이 말하는 사회참여가 무엇인지를 배우고 말하는 법을 배워야 합니다. 적용은 다를 수 있습니다. 마치 건강을 위해서는 운동이 중요하다는 것에는 일치 할 수 있지만 어떤 운동을 할 것인지는 다를 수 있는 것과 마찬가지입니다. 적어도 성경으로 이념을 분별할 수 있어야 합니다. 그래야 흔들리지 않고 바르게 살 수 있습니다.

한국교회를 흔들고 있는 정치이념에 대한 진흙탕에서 탈출하여 진리의 깃발을 흔들어야 합니다. 이것이 한국교회를 살리는 길이며, 성도가 그리스도의 향기를 풍기는 일입니다.

11
탐심과 욕망

지역의 기독청년 연합집회에서 말씀을 전한 적이 있었습니다. 많은 청년들이 함께한 자리였습니다. 이 집회의 주제는 "좁은 문으로 들어가라"였습니다. 요즘 들어 이런 주제로 집회를 하는 곳을 거의 본 적이 없었기 때문에 매우 놀라웠습니다. 집회를 주최하는 임원들의 의도가 궁금하였습니다. 왜냐하면 이 시대가 기대하는 모습이 아니기 때문입니다. 그런데 주제를 선택하고 말씀을 부탁한 배경을 들으면서 참 귀하다는 생각을 하였습니다. 점점 그리스도인의 정체성이 무너지는 시대를 안타까워하는 이들의 마음이 집회의 주제가 된 것이었습니다.

"좁은 문과 좁은 길"은 분명 우리 시대와 다른 길입니다. 우리 시대는 모두가 넓은 문과 넓은 길을 가고자 합니다. 신앙을 갖는 이유가 더 넓은 문과 더 넓은 길을 가고자 함이 숨어 있음을 부정 할 수 없습니다. 예수 믿어 복 받고, 예수 믿어 성공하고, 예수 믿어 능력 있게 사는 것에 관심이 집중되어 있습니다. 그래서 너도 나도 좁은 문은 회피합니다. 좁은 길을 가고자 하는 마음은 더더욱 없습니다.

바울은 마지막 서신에서 "복음과 함께 고난을 받자"고 하였습니다. 그런데 오늘날 이 복음이 잠잠합니다. 그리고 긍정의 힘만이 난무하고 있습니다. 긍정을 통한 영광만을 추구합니다. 십자가를 지는 고난의 삶은 철저하게 외면합니다. 사람들이 싫어한다는 이유 때문입니다. 그래서 교회가 진리를 전하는 공간이 되지 못하고 삶만 위로하는 상담소가 되어 버렸습니다. 십자가가 사라진 교회는 불편함이 없는 것 같은데 점점 교회는 무너지고 있습니다. 사람들이 교회의 맛이 사라졌다고 손가락질하고 있습니다.

우리 주님은 좁은 문으로 가야 생명이 있다(마 7:13)고 하셨습니다. 넓은 문은 사람들이 많이 찾지만 생명이 없습니다. 오직 그리스도의 생명은 좁은 문에 들어가는 자에게 주어집니다. 좁은 문은 하나님의 자녀로 선택 받은 자만이 들어갑니다. 그래서 좁은 문에서 살고 있다는 것은 하나님의 자녀임을 증명하는 증표이기도 합니다.

좁은 문은 '세상의 욕심을 버리지 않고'는 들어 갈 수 없습니다. 탐욕과 욕망으로 가득 차 있다면 결코 좁은 문에 들어 갈 수 없습니다. 좁은 문은 욕심으로는 결코 열수 없습니다. 성경은 "욕심이 잉태한즉 죄를 낳고, 죄가 장성한 즉 사망에 이른다(약 1:15)"고 말합니다. 예수 믿음은 욕심을 버리고 생명을 얻는 일입니다. 땅의 것을 바라보는 것이 아니라 하늘의 것을 바라봅니다. 잠시 있는 것에 만족하여 거짓을 일삼지 않습니다. 보이지 않지만 영원한 영광을 바라보면서 나그네의 길을 갑니다.

자신의 도를 넘어선 탐욕

한국교회가 멍들고 있는 모습 가운데 또 하나는, 자신의 도를 넘어선 탐욕에 물들어 있다는 사실입니다. 그래서 본질을 회복하는 것보다는 외적인 허영에 더 관심을 두고 있습니다. 이러한 모습은 입으로는 하나님을 시인하나 행위로는 부정하는 가증한 모습이 되어가고 있습니다.

교회의 일반적인 모습이 외적인 성장에 있습니다. 그리고 성장하는 것이 축복이라는 생각을 가지고 살아갑니다. 그래서 온갖 수단과 방법을 가리지 않고 사람을 모으고 있습니다. 어떤 교회는 청소년 전도지에 행운권과 함께 유명 체인점의 햄버거 교환권을 넣었습니다. 이러한 상업 마케팅이 교회에서 일반화 되었습니다. 각종 전도 집회에서는 한 사람을 데려오기 위하여 온갖 방법이 동원됩니다. 그 열심이 특심한 것은 참으로 좋습니다. 그런데 그렇게 열심을 내었는데 현실은 어떠합니까? 교회는 점점 작아지고, 신뢰도 역시 형편없이 낮아지고 있습니다. 세상이 교회를 두려워하지 않고, 그리스도인들을 존경하지 않습니다. 그리스도인의 모습에서 자신들의 모습을 다 보기 때문에 다를 것이 없다고 생각합니다.

어떻게 살더라도 물질적 성공만 하면 용납되는 부끄러운 모습들이 교회 안에 가득 차 있습니다. 이러한 세속화는 교회를 근원부터 흔들고 있습니다. 이러한 모습에서 자라난 청소년과 청년들의 미래는 끔찍합니다. 가면 갈수록 믿음의 가정 자녀들이 교회를 떠나고 있습니다. 목회자의 자녀도 장로와 집사의 자녀도 교회를 떠나서 세상을 즐기고 있습니다. 교회를 통하여 거룩함을 본 것이 아니라 세상을 보았기 때문입니다. 신앙이 주는 맛을 볼 수 없었기 때문입니다. 우리는 그 모습을 고3 학생들에게서 볼 수 있습니다. 믿는다고 고백하는 그리스도인 가정의 모습 가운데 가장 부끄러운 일은 고3이 된 일 년 동안 예배를 드리지 않게 하는 적폐입니다. 고3이 무엇이 특별합니까? 세상은 그렇게 할 수 있습니다. 왜냐하면 썩어지는 것을 구하기 때문입니다. 그러나 우리는 영원한 것을 구하기에 그리스도인의 중심은 예배가 되어야 합니다. 하지만 현실을 보면 참으로 우울합니다. 대학만 들어가면 다 보상 받는다고 생각합니다.

하지만 이 생각이 얼마나 어리석은 일인지는 '가나안 성도'라 불리는 이들의 존재로 알 수 있습니다. 이들은 신앙은 갖고 있지만 교회를 찾지 못하고 방황하고 있는 이들입니다. 대부분 교회에 대한 불만이 이들로 하여금 교회 공동체에서 떠나게 만든 것입니다. 가나안 성도라 불리는 이들의 존재는 교회의 세속화를 보여주는 증거라고 할 수 있습니다.

교회를 무너뜨리는 독소

이처럼 탐욕은 교회를 무너뜨리는 독소입니다. 이것은 타협할 대상이 아닙니다. 발본색원하여 버려야 합니다. 그것만이 교회를 살리는 길입니다. 그리고 우리가 사는 길입니다. 우리 시대는 더욱 더 좁은 문으로 들어가라는 말씀이 절실한 시대입니다. 좁은 문으로 들어가서 좁은 길을 걸어 갈 수 있어야 합니다.

사사기를 보면 위대한 인물 기드온이 나옵니다. 많은 이들이 기억하고 있듯이 기드온은 하나님의 용사의 표본으로 알려져 있습니다. 300명의 용사로 수만의 군대를 이기었으니 참으로 대단단 영웅입니다. 하지만 이러한 기드온의 마지막은 결코 아름답지 못하였습니다. 처음은 창대하였으나 마지막은 부끄러운 자리에 떨어진 사람입니다. 그 이유는 오직 한 가지 바로 '탐욕' 때문입니다. 기드온은 미디안의 손에서 이스라엘을 구원한 멋진 지도자였습니다. 그러나 그를 더욱 아름답게 만든 것은 권력에 대한 욕심을 차단한 것이었습니다. 이스라엘 사람들이 기드온에게 자신들의 지도자가 되어 달라고 하였을 때 그는 단호하게 그 제안을 거절합니다.

"기드온이 그들에게 이르되 내가 너희를 다스리지 아니하겠고 나의 아들도 너희를 다스리지 아니할 것이요 여호와께서 너희를 다스리시리라(삿 8:23)"

모든 것을 하나님께로 돌리는 참 신앙인의 모습을 잘 보여주었습니다. 하나님의 사람으로 손색이 없는 지도자였습니다. 하지만 기드온은 물질과 명예에 대한 탐욕을 이기지 못하였습니다. 기드온은 미디안에서 가져온 전리품 가운데 귀고리를 원하였습니다. 그리고 백성들은 기다렸다는 듯이 금귀고리와 다양한 전리품을 준비하여 바칩니다. 그리고 기드온은 그것으로 에봇을 만들었습니다.

"기드온이 또 그들에게 이르되 내가 너희에게 한 일을 청구하노니 너희는 각기 탈취한 귀고리를 내게 줄지니라 하니 그 대적은 이스마엘 사람이므로 금 귀고리가 있었음이라 무리가 대답하되 우리가 즐거이 드리리이다 하고 겉옷을 펴고 각기 탈취한 귀고리를 그 가운데 던지니 기드온의 청한바 금 귀고리 중수가 금 일천 칠백 세겔이요 그 외에 또 새 달 형상의 장식과 패물과 미디안 왕들의 입었던 자색 의복과 그 약대 목에 둘렀던 사슬이 있었더라 기드온이 그 금으로 에봇 하나를 만들어서 자기의 성읍 오브라에 두었더니 온 이스라엘이 그것을 음란하게 위하므로 그것이 기드온과 그 집에 올무가 되니라(삿 8:24-27)"

'에봇'은 제사장들이 입는 것입니다. 즉 권위의 상징입니다. 기드온은 이것을 자기의 성읍 오브라에 두었습니다. 그런데 이 '에봇'이 이스라엘 사람들을 음란하게 만든 것입니다. '음란하다'는 것은 우상숭배의 대상이 되었다는 것을 의미합니다. 왕은 하지 않겠다고 하면서 자신의 권위를 강조하려고 하는 것은 결국 하나님 외에 다른 것을 숭배하게 만드는 어리석음입니다. 결국 기드온은 탐욕에 굴복하고 말았습니다. 백성들은 이러한 기드온의 본심을 알았습니다. 결국 기드온이 죽자 곧 바로 우상숭배의 길을 걸었습니다. 하나님의 은혜를 기억치 않았습니다. 그리고 기드온의 자녀들을 돌보지 않았습니다.

"또 여룹바알이라 하는 기드온의 이스라엘에게 베푼 모든 은혜를 따라서 그의 집을 후대치도 아니하였더라(삿 8:35)"

기드온의 말년이 어떠하였는지를 잘 보여주는 말씀입니다. 우리는 사람들의 중심을 알 수 없습니다. 그러나 열매를 보아 그의 중심을 볼 수 있습니다. 기드온은 말년에 탐욕에 무너졌다고 해도 과언이 아닙니다.

한국교회와 기드온

한국교회를 보면 기드온의 모습이 겹쳐집니다. 승승장구하였던 시절이 있었습니다. 작지만 큰일을 감당하였던 시절이 있었습니다. 교회 간판만 내달면 사람들이 몰려왔습니다. 세계 최대의 성도를 자랑하면서 도취되었던 시절이 있었습니다. 모든 것이 하나님의 은혜였습니다. 그렇게 평화로운 시간을 보내었습니다. 마치 기드온이 살던 40년 동안 누렸던 평화 같았습니다. 그런데 기드온이 죽었습니다. 평화가 사라졌습니다. 우상숭배가 난무합니다. 하나님의 은혜가 보이지 않습니다. 사람들의 냄새만이 가득하고, 탐욕에 물든 교회와 성도들을 봅니다. 오직 성공, 성공, 돈, 돈 하면서 몰려다니는 꾼들을 봅니다.

이전에는 사람들이 교회를 존중하였습니다. 그런데 점점 그 신뢰를 잃어가고 있습니다. 거룩한 삶의 기준을 알려주었던 교회를 향하여 거룩하게 살라고 충고하고 있습니다. 교회를 통하여 은혜를 누렸던 이들이 이제는 교회를 후대치 않습니다. 아니 돌을 던지고 있습니다. 교회 문제만 나오면 언론은 하이에나처럼 물고 뜯습니다. 이렇게 동네 북 신세가 되었습니다.

목사의 입에서 나오는 소리가 오직 성공 뿐입니다. 높은 곳을 향하여 달리라고 말합니다. 소비자인 성도들의 원함이 무엇인지 잘 알고 있기 때문입니다. 그래서 그들의 간지러운 곳을 긁어줍니다. 그러면 좋아서 어쩔 줄 몰라 합니다. 그렇게 서서히 죽어가고 있음에도 불구하고 히죽거리고 있습니다.

"음행과 온갖 더러운 것과 탐욕은 너희 중에서 그 이름조차도 부르지 말라 이는 성도에게 마땅한 바니라(엡 5:3)"

"음심이 가득한 눈을 가지고 범죄 하기를 그치지 아니하고 굳세지 못한 영혼들을 유혹하며 탐욕에 연단된 마음을 가진 자들이니 저주의 자식이라(벧후 2:14)"

탐욕은 가장 무서운 독약입니다. 미소 띠고 다가와서 우리의 오장 육부를 다 갉아 먹습니다. 그렇게 성도가 죽고, 교회가 죽습니다. 그래서 저주의 자식이라고 부르는 것입니다. 한국교회가 탐욕의 바다에서 나오지 않는 한 저주의 자식만 잉태할 것입니다. 생각만 해도 끔찍하지 않습니까?

12
표지를 분실한 교회

"월드컵은 경험을 쌓는 곳이 아니라 증명하는 곳입니다."

2014년 브라질 월드컵에서 나온 이영표 축구 해설위원의 말이 많은 사람들의 입에 오르락내리락 하였습니다. 이 말은 경기에 이긴 선수들에게는 매우 신나는 이야기입니다. 그리고 자랑할 수 있습니다. 아마도 2002년 선수들은 그러한 자부심을 가지고 있을 것입니다. 그러나 진 선수들에게는 매우 힘든 이야기입니다. 어떠한 말도 할 수 없게 만들기 때문입니다. 그래서 매우 무거운 지적이 되는 말입니다.

특히 '증명한다'는 말은 신앙의 영역에서는 매우 중요한 의미를 담고 있습니다. 신앙은 수학의 영역과 다르게 공식과 이론으로 증명되는 것이 아닙니다. 신앙은 그 삶으로 증명합니다. 그래서 성경은 그리스도인을 '그리스도의 편지'라고 이름 하였습니다. 세상은 일차적으로 그리스도인의 모습을 통하여 그리스도를 이해하기 때문입니다. 그러기에 믿음의 선배들은 그리스도인은 걸어 다니는 '예수의 작은 초상화'라고 하였습니다. 이 말은 참으로 묵직한 말이 아닐 수 없습니다.

그리스도인의 증명

그렇다면 그리스도인을 증명하기 위한 표지는 무엇입니까? 20세기의 위대한 전도자였던 프란시스 쉐퍼는 "세상 사람들은 오직 이 표지로 그리스도인들을 참으로 그리스도인이며, 예수는 아버지의 보내심을 받았다는 것을 알 수 있는 것"이라고 하였습니다. 그것은 바로 '사랑'입니다. 사랑이 그리스도인을 드러내는 참된 표지입니다. 성경은 이렇게 말합니다. "새 계명을 너희에게 주노니 서로 사랑하라 내가 너희를 사랑한 것같이 너희도 서로 사랑하라 너희가 서로 사랑하면 이로써 모든 사람이 너희가 내 제자인 줄 알리라(요 13:34-35)" 사랑이 나타날 때 우리는 성령 하나님을 기쁘게 하는 자가 됩니다. 그러나 사랑이 보이지 않으면 성령을 근심하게 하는 자가 됩니다. 사랑이 우리가 그리스도의 제자임을 증명하고, 그리스도인임을 나타냅니다.

교회는 이러한 사랑을 배우고 나누고 전하는 공동체입니다. 교회를 통하여 이러한 사랑을 배워야 합니다. 교회의 아름다움은 바로 사랑을 나타내는 그리스도인들이 충만한 것에 있습니다. 교회의 향기는 바로 사랑입니다. 사랑으로 진리를 전하고, 사랑으로 섬김을 나타내는 것입니다. 이것이 교회다움입니다.

하지만 오늘 우리의 모습은 어떠할까요? 사랑의 표지가 드러나고 있을까요? 오히려 한국교회는 이러한 고귀한 사랑은 버리고 세속적 사랑 냄새만 내고 있는 것은 아닐까요? 먹든지 마시든지 무엇을 하든지 다 하나님의 영광을 위하여 행하는 것이 교회이며 그리스도인입니다. 그러나 우리의 현실에서는 이렇게 아름다운 빛을 볼 수 없습니다. 하나님의 영광이 아니라 자신의 만족과 삶을 위하여 먹고 마시며 살아갑니다.

교회는 바른 복음을 전하고 이웃을 있는 그대로 사랑하여야 합니다. 선한 사마리아인처럼 가난하고 힘든 이들을 위하여 사랑의 섬김이 있어야 합니다(눅 10:29-37). 복음은 전하는 것으로 끝나지 않고 사랑으로 완성됩니다. 사랑의 실천은 행동하는 지식이며 신앙입니다.

사랑에는 어떠한 조건이 없습니다. 사마리아인이 강도 만난 자를 도울 때 조건을 따지지 않았습니다. 불쌍히 여기는 마음으로 자신의 것을 나누었습니다. 누가 강요한 것이 아닙니다. 자발적으로 자비를 베풀었습니다. 그리고 스스로 불편한 삶을 감당하였습니다. 이것이 사랑입니다. 우리가 누군가를 섬기고 자비를 베풀 때 조건이 있어서는 안 됩니다. 조건이 있어야 한다면 그 한 가지는 '사랑'입니다. 사랑이 있어야 합니다. 사랑이 없으면 열매가 없습니다. 교회가 사랑이 아니라 다른 조건을 앞세울 때 하나님의 자리는 점점 미약해집니다.

표지의 역할

교회를 멍들게 하는 일은 다른 것이 아닙니다. 그리스도인의 표지가 제 역할을 감당하지 않은 것에 있습니다. 사랑이 보이지 않는 공동체에 무슨 행복이 있으며 웃음이 있겠습니까? 사랑이 보이지 않으면 미움과 다툼과 시기와 질투 그리고 온갖 죄악들만 보입니다. 그러한 곳에서는 결코 생명이 존재하지 않습니다. 오로지 말라비틀어져 갈 뿐입니다.

교회는 세상 가운데 사랑을 보여 줄 수 있어야 합니다. 우리 주님이 우리를 있는 그대로 사랑하셨듯이 우리 역시 그러한 사랑을 보여주어야 합니다. 여기에는 결코 세속적 조건이 있어서는 안 됩니다. 오직 주님의 명령하심에 오로지 순종하는 일만 있어야 합니다.

이러한 사랑이 교회에 없으면 그 교회는 생명을 다한 교회입니다. 교회는 사랑으로 꽃을 피워야 합니다. 복음의 역사는 사랑을 통하여 만개합니다. 사랑이 없으면 교회는 썩은 냄새만 풍기게 됩니다. 하지만 사랑은 세상의 모든 악취를 제거하는 향기입니다. 그러기에 교회와 그리스도인의 표지를 제대로 감당하고 있느냐는 교회가 살아 있는지 죽어 있는지를 가늠하게 합니다.

그런데 요즘 우리의 귀에 들리는 이야기는 교회가 사랑이 없고 오직 이기적인 욕심만 있다는 말입니다. 물론 여기에는 일부의 악의적인 말이 있지만 그러나 분명히 되새김질해야 할 부분이 있습니다. 그것은 앞서 보았듯이 교회를 향한 지표들에서 분명하게 나타나기 때문입니다.

사랑은 교회를 빛나게 합니다. 사랑처럼 교회를 교회답게 그리스도인을 그리스도인답게 만드는 일이 없습니다. 그래서 아무리 뛰어난 능력이 있고, 초자연적 역사가 있으며, 구제와 순교의 신앙을 가지고 있다고 하더라도 사랑이 없으면 아무 유익이 없습니다 (고전13:1–3).

오늘날 우리 교회가 많은 능력을 행하고, 봉사를 많이 하고 있음에도 불구하고 영향력이 없는 것은 사랑 없는 형식적 나눔 때문은 아닐까요? 사랑이 없는 능력과 봉사는 오히려 복음의 장애가 될 수 있습니다. 사랑이 없기에 교회가 멍 들어가는 것입니다. 사랑이 없는 복음전도, 사랑이 없는 봉사, 사랑이 없는 섬김은 아무 가치가 없습니다. 지금 우리 교회가 멍들어 가고 있음을 인식해야 합니다. 그 이유는 사랑을 상실하였기 때문입니다. 많은 것을 하였기에 존경받는 것이 아니라 사랑으로 감당해야 신뢰 받습니다. 지금 우리는 사랑으로 하나가 됨이 필요합니다. 사랑으로 진리를 전하고, 사랑으로 서로 섬기는 일들이 교회가 더 이상 멍들게 하지 않는 일입니다. 사랑이 증명입니다.

13

빈약해진 은혜의 수단

"삼각산, 한얼산, 용문산"

1980년대는 교회마다 부흥회가 열렸습니다. 그 시대의 가장 인기 있었던 분들은 공통적으로 산 기도와 방언을 강조하였습니다. 그래서 1980년도에는 산 기도와 방언이 일상화 되었습니다. 특별히 서울에서는 삼각산이 가장 유명했었고 지방에서는 한얼산 기도원과 용문산 기도원으로 사람들이 몰려들었습니다. 당시에 대표적으로 신앙 체험을 주었던 곳입니다.

그 가운데 삼각산은 가까운 곳에 있기에 대부분의 교회들은 금요일 저녁만 되면 산으로 모였습니다. 그리고 험한 산 안으로 안으로 들어가서 기도하였습니다. 그러면 근처에 있던 삼각사는 밤

새 불경을 틀어 놓았습니다. 성도들은 불경 소리에 대항하기 위해 더욱 거세게 기도를 하였습니다. 사실 밤새워 기도한다는 것은 쉬운 일이 아닙니다. 테이프로 반복되어 들리는 불경 소리를 이기기 위하여 목사들은 방언을 강조하였습니다. 방언과 테이프의 전쟁은 국립공원으로 지정되어 출입이 제한 될 때까지 계속되었습니다. 금요일 저녁에 올라가서 새벽 첫 차를 타고 일상으로 돌아오는 일은 신앙의 진보에 있어서 대단한 표지였습니다.

반면 서울에서 먼 한얼산과 용문산 기도원은 시간을 내어 기도하는 곳입니다. 두 곳 다 신비적인 신앙을 강조하였습니다. 한얼산 기도원은 장로교 목사가 세운 곳이지만 오순절 교단에 더 가까웠습니다. 연말 연초에는 방언 집회가 열렸고 원장 목사는 방언 훈련을 시키고 진짜 방언인지 아닌지를 즉석에서 구별하여 주었습니다. 한국 기도원의 효시라고 할 수 있는 용문산 기도원은 치유와 성령 체험을 강조하였습니다. 이성적인 신앙은 강조되지 않았고 신비주의 신앙이 팽배해 있었습니다. 그리고 여의도 순복음교회의 역할도 지대하였습니다. 이렇게 1980년도까지 교회들은 기복 신앙과 신비주의 신앙과 방언을 강조하는 성령 운동에 집중하였고 이에 대부분의 교회들이 함께 하였습니다. 부흥회 없는 교회가 없었을 정도입니다. 그리고 부흥회마다 성령을 강조하고 치유를 강조하였습니다. 복음의 선명성은 보이지 않았습니다.

그런데 곳곳에서 문제가 생겼습니다. 기독교인지 샤머니즘인지 구분할 수 없는 신앙의 형태가 교회에서 나타나기 시작하였습니다. 문제는 이러한 신앙은 삶의 현장에서는 아무 의미가 없다는 사실입니다. 마치 중환자실에 들어 갈 때 가운을 입고 들어가서 내 옷이 보이지 않게 하듯이 교회에 올 때는 신앙의 옷을, 교회를 떠나 세상으로 갈 때는 세상의 옷을 입은 것입니다. 그러다 보니 교회로 모이는 사람은 많은데 세상에는 그리스도인이 보이지 않았습니다. 그렇게 1980년 후반을 맞이하였습니다.

1960년대에 태어나 1980년대에 대학생이 된 새로운 세대에게 있어서 교회가 말하는 신앙의 모습은 이해하기 어려웠습니다. 더구나 정권의 부정직한 모습에 대하여 교회는 아무 말도 하지 않았습니다. 검은 것은 검고, 하얀 것은 하얗다고 해야 하는데 교회는 침묵한 것입니다. 또한 일부는 오히려 악한 일에 대하여 칭송하고 교회와 정치는 분리되었으니 정치가 어떠하든 우리는 신경 쓸 필요가 없다고 가르쳤습니다. 성경이 그렇게 명령하고 있다는 말만 하였습니다. 이러한 교회의 말에 전쟁과 굶주림의 시대를 살아온 부흥회 세대는 적극적으로 동참하였습니다.

새로운 변화

그러나 문제는 새로운 세대들의 질문이었습니다. 이해할 수 없는 상황에 어떻게 해야 할지 모를 때 빛을 보여 준 것이 바로 '기독교윤리실천운동'이었습니다. 그리고 이어진 성경적 세계관 운동이었습니다. 그리고 새로운 세대를 위한 지성운동으로 그 동안 볼 수 없었던 성경공부와 제자훈련이 교회를 세워나갔습니다. 1990년대를 들어서면서 점점 부흥회는 사라졌습니다. 그러자 생각하고 고민하였던 세대들은 성경을 정직하게 가르치는 교회로 모여 들었습니다. 균형 잡힌 신앙을 강조하는 교회들이 성장하고 교회의 새로운 리더가 되기 시작하였습니다. 그 대표적인 교회가 내수동 교회와 사랑의 교회였습니다.

이렇게 1990년대 한국교회는 새로운 옷을 입게 되었습니다. 한마디로 한얼산에서 사랑의 교회로의 전환이라 할 수 있습니다. 이제 제자훈련이 없으면 안 되는 상황이 된 것입니다. 이전에 그랬듯이 대부분의 교회들이 제자훈련을 하기 시작하였습니다.

그런데 여기에 아주 독특한 현상이 함께 나타납니다. 그것은 부흥회 세대와는 다르면서 같은 모습입니다. 바로 찬양집회입니다. 온누리 교회를 대표로 하는 경배와 찬양은 제자훈련에 답답함을 느끼는 이들에게 탈출구와 같았습니다. 각종 찬양집회가 곳곳에서 열렸습니다. 교회만 있으면 화요 찬양, 목요 찬양, 토요 찬양 집회가 열렸고 CCM 가수들의 전성시대가 되었습니다. 일단의 찬양 인도자들은 부흥사들이 하던 자리를 대신한 듯 보였습니다. 집회에 참여한 젊은이들을 울고 웃게 하면서 쥐락펴락하였습니다. 말씀은 곤고해지고 울음만 남는 현상이 지속되었습니다. 이러한 모습이 확장되면서 성경적 세계관 운동을 통한 삶의 균형은 그 힘을 잃기 시작하였습니다. 동시에 교회의 건강성도 시들해졌습니다. 젊은 세대들의 지성이 무디어졌습니다. 그러므로 믿음의 기반이 빈약해지기 시작했습니다. 그렇게 1990년대는 흘러갔습니다.

부조리한 세상에 선지자적인 신앙을 가져야 함을 강조하였던 이들의 영향은 점점 줄어들고 대세는 눈물과 콧물을 흘리며 감정을 다 모아서 춤을 주며 노래하는 찬양으로 흘러갔습니다. 찬양 집회를 통하여 카타르시스를 경험하는 이들이 많아지기 시작하였습니다. 그런데 문제는 연합 찬양집회만 가면 방방 뛰며 노래하고 회개하는 친구들이 자신 교회에만 오면 힘이 없이 찬양하고 들리지 않는 소리로 기도하는 등 전혀 새로운 모습으로 살아가는 것이었습니다. 신종 이원론 신앙이 산출된 것입니다. 하지만 이러한 유행도 속절없이 지나갔습니다. 동네 교회에서 열렸던 찬양집회는 사라지고, 겨우 몇몇만 명맥을 유지하였습니다.

또한 찬양 세대들이 20-30대가 되었을 때 교회에서 더 이상 생각하는 신앙을 보기가 어려워졌습니다. 신앙 서적 읽는 모습은 좀처럼 보이지 않고 새로운 놀이를 필요로 하는 세대를 맞이하게 되었습니다. 생각하지 않는 세대와 고민하지 않는 신앙은 절묘한 결합을 가지고 21세기를 맞이하였습니다.

문화의 시대와 신비주의

21세기는 문화의 시대로 문을 열었습니다. 새로운 시대에 대한 기대감으로 여러 곳에서 생각하는 신앙을 강조하는 이들이 일어났습니다. 하지만 그 힘은 여전히 미진하였습니다. 이러한 상황을 틈타 새로운 신비주의 운동이 교회를 물들기 시작하였습니다. 바로 영성운동과 신사도 운동입니다. 그들은 아주 적절한 상황에 들어와서 교회를 흔들었습니다. 한 장로에 의하여 이루어지고 있는 집회는 21세기판 한얼산 기도원을 보는 것 같습니다. 이로 인해 이곳저곳에서 유사한 집회들이 다양하게 열리고 있습니다.

오늘날 한국교회의 상황은 매우 안 좋습니다. 욕이란 욕은 다 먹고 있습니다. 이 욕은 진리를 위한 욕이 아닙니다. 교만과 헛됨과 본질에서 이탈된 결과로 얻은 채찍입니다. 왜 이렇게 되었습니까? 한국교회의 역사를 보면 큰 틀에서 정직한 질문에 정직한 답변을 구하는 종교개혁의 유산을 이어가지 못하였습니다. 부수적인 것은 강조하되 본질은 간과하였습니다. 교회 성장을 위한 도구 개발은 열심이었지만 참된 교회를 위한 종교개혁의 유산을 이어가지 못하였습니다. 그러다 보니 상당수의 그리스도인들이 은혜의 수단을 사용하는데 매우 빈약해졌습니다.

은혜의 수단

　은혜의 수단이 무엇입니까? 바로 말씀과 기도와 성례입니다. 한국교회는 은혜의 수단을 너무나 가볍게 여기고 또한 왜곡하였습니다. 말씀은 가볍게 여기고 기도는 왜곡하고 성례는 중요하게 여기지 않았습니다. 선포된 말씀과 보이는 말씀을 기록된 말씀과 함께 소중하게 다루지 않음으로 성도들이 자의적 신앙과 신비적 신앙에 물들게 하였습니다. 기도 역시 지극히 기복적인 것과 신비적인 것에 머물고 있습니다. 성경적인 기도가 아니라 종교적인 주문으로 전락하고 있는 것을 여전히 목격합니다.

　성도들은 삶의 모든 영역에 하나님의 주권을 선포해야 하는데 여전히 자신의 교회 생활에만 집중하는 비뚤어진 경건주의에 빠지고 말았습니다. 그러니 선지자적인 신앙이 나올 수 있겠습니까? 미로슬라프 볼프는 "우리가 하나님을 우리의 삶 전체를 견인하도록 하지 않고 삶의 특정 영역으로 제한한다면 예언자적 신앙이 추구하는 가장 중요한 일을 수행하는데 실패하는 것이고 예언자적 신앙의 가장 중요한 기능을 나태하게 하는 것이다."[1]라고 하였습니다.

　신앙은 교회에서 시작하여 삶의 모든 영역으로 흘러가야 합니

---

1)　미로슬라프 볼프, "공적영역에서의 기독교" 김명윤역 . IVP [서울, 2014]. p60

다. 이것은 종교 개혁의 정신입니다. 믿음의 선배들이 지켜왔던 자세입니다. 그러므로 내가 무엇을 하든 죄 짓는 것이 아니라면 그것은 하나님 나라를 위한 헌신이 됩니다. 그런데 이러한 모습이 잘 보이지 않았습니다. 그렇게 된 이유 가운데 하나는 바로 은혜의 수단이 빈약하기 때문입니다. 은혜의 수단이 바르게 시행되지 않고 빈약한 상태에서는 왜곡되거나 변질된 신앙이 태어납니다.

은혜의 수단을 풍성하게 사용하기 위해서는 무엇보다도 말씀을 바르게 강해하는 설교자를 세워야 합니다. 헛된 이야기로 현혹하는 만담가가 아닌 성경의 가르침을 신실하게 전하는 설교자를 교회가 소망해야 합니다.

둘째로 교회 성장을 위한 도구들을 축소해야 합니다. 삶의 영역에서 분투하면서 사는 것이 전도입니다. 교회는 본질적인 일들에 최선을 다하여야 합니다. 예배와 말씀 공부 그리고 기도하는 일 외에는 자중해야 합니다.

세 번째는 생각하고 고민하는 성도가 되어야 합니다. 믿음은 내용과 고백입니다. 그런데 우리의 믿음은 내용이 빈약할 때가 있습니다. 이것은 매우 위험합니다. 물론 지식적인 신앙을 말하는 것이 아닙니다. 내용이 있는 신앙이 되어야 합니다. 그래야 어리석은 무리들의 호도에 넘어가지 않습니다.

네 번째는 종교개혁의 가르침을 잊지 말아야 합니다. 오직 성경, 오직 은혜, 오직 믿음 그리고 하나님 앞에서의 신앙이 세워져야 합니다.

다섯 번째 사랑과 공의가 균형 잡힌 신앙훈련을 감당해야 합니다. 바울은 사랑으로 진리를 전하라고 하였습니다. 사랑이 없는 진리는 울리는 꽹과리입니다. 진리가 없는 사랑은 공의를 무너뜨립니다. 우리는 이 둘을 잘 감당해야 합니다. 특히 삶의 영역에서 공의를 나타내는 일을 교회로부터 공급받고 살아야 합니다. 이것이 은혜의 수단을 풍성하게 사용하는 이들의 모습입니다.

한국교회는 우리에게 준 하나님의 선물입니다. 이 선물을 잘 관리하는 것은 하나님을 영화롭게 하는 일입니다. 우리에게 주어진 이 기회들을 잘 선용할 수 있어야 합니다. 우리가 다음 세대에 부끄럽지 않게 남으려면 버릴 것과 취할 것을 분명히 해야 합니다.

한국교회를 진단하는 일을 하였습니다. 이제 구체적으로 진단에 근거한 대안에 대하여 생각해야 합니다. 진단이 우선 중요합니다. 하지만 대안이 바르지 못하면 그 역시 그 실수를 하게 됩니다. 이제 대안에 대하여 구체적인 모습을 생각해야 합니다.

2부 대안

교회가 살아나는 길

1

빠름에서 바름으로

'빨리 빨리'

동남아시아 여행을 가신 분들이 있다면 동일한 경험을 하였을 것이라 생각합니다. 한국말을 잘 모르는 분들이 한결같이 하는 말이 있습니다. 바로 '빨리 빨리'입니다. 이 말이 한국 사람들의 특징이 되어버렸습니다. 그래서 어디든지 한국 사람을 보면 '빨리 빨리'를 외칩니다.

실제로 '빨리 빨리'는 우리의 모습을 잘 보여주고 있습니다. 빨리 밥 먹어라, 빨리 공부해라, 빨리 자라, 빨리 좀 합시다. 이렇듯 '빨리 빨리'는 우리의 언어생활의 한 축을 이루고 있습니다. 우리들의 의식 한가운데에 '빨리 빨리'가 자리를 잡고 있습니다. 빨리 빨리 되지 않으면 마치 세상에서 뒤떨어진 인간처럼 여기기도 합니다. 그래서 짧고 굵게 살자는 말을 좋아합니다. 빨리 무엇인가를 이루는 것이 중요합니다. 물론 의미 없이 사는 인생보다는 나을 수 있습니다. 하지만 마지막이 부끄러운 인생이 되는 길이 더 많음을 봅니다. 화려하게 시작하였다가 쓰레기처럼 끝나는 것은 결코 아름답다고 할 수 없습니다. 하지만 '빨리 빨리'의 세계관에는 이러한 모습이 투영되어있습니다.

언어와 세계관

언어는 그 사람의 세계관을 보여줍니다. 자신이 쓰는 언어만큼 그렇게 살게 됩니다. 언어는 그 사람의 삶을 지배한다고 할 수 있습니다. 그러므로 그 사람을 잘 알려면 그가 쓰는 언어들을 잘 보면 어느 정도 알 수 있습니다. 그런 측면에서 '빨리 빨리'는 우리 민족의 모습을 잘 보여주는 말입니다. 무엇이든지 빨리 끝내야 합니다. 그리고 자기가 해결해야 합니다. 아마도 이러한 모습을 잘 볼 수 있는 곳은 정치의 영역일 것입니다. 임기가 몇 년 안 되는 데 50년은 걸릴 일을 자신의 임기 내에 다 하려고 하는 모습을 종종 봅니다. 그러다보니 여기저기서 문제가 생기는 것입니다. 무엇이든지 빨리 하는 것이 결코 선하고 아름다운 것이 아닙니다.

그런데 이러한 모습이 교회에서도 나타납니다. 성경은 성도의 신앙이 '장성한 분량'에까지 자라나라고 말합니다. 이러한 자람은 결코 빨리 되지 않습니다. 잠자고 일어났다고 어른이 되지 않습니다. 긴 시간이 필요합니다. 그런데 빨리 빨리 해결하려고 합니다. 대표적인 예는 세례를 주는 것에서 잘 나타납니다. 교회 생활이 어느 정도 되면 세례를 줍니다. 그 사람의 신앙고백과 관계없습니다. 아마도 군대에서 받는 진중 세례가 그 대표적인 예일 것입니다. 그러다보니 직분을 주는 것도 번갯불에 콩 볶듯이 주어집니다. 빨리 빨리 문화가 가져다 준 선물입니다.

　얼마 전에 아주 재미있는 일을 경험하였습니다. 장로 임직에 대한 대화중에 나온 이야기입니다. 현행 장로교 헌법에 의하면 장로가 없으면 시무 목사로 칭합니다. 시무 목사는 해마다 임시 당회장의 청원을 통하여 교회를 담임하게 됩니다. 그러니 얼마나 귀찮은지 모릅니다. 그래서 누군가 불만을 말했습니다. 그러자 듣고 있던 분이 "그럼 장로를 세우면 되지."라고 말하는 것입니다. "장로 세우는 일이 쉬운 일입니까?"라고 답을 하자 아주 괴이한 답이 돌아왔습니다. "믿음 좋은 사람 아무나 세우면 되지, 뭘 그렇게 고민해?"라고 말하는 것입니다. 장로가 가지고 있는 위치가 얼마나 중요한지 몰라서 그러는 것인지 아니면 아무 생각이 없는 분인지 모르겠지만 듣고 있는데 마음이 많이 아팠습니다.

　우리의 신앙도, 교회의 직분도 빨리 빨리 세우려고 합니다. 하나님의 뜻은 중요하게 여기지 않고 오직 자신들의 외적인 편안함

혹은 체면만 중시합니다. 그러니 신앙의 모습이 어떠하겠습니까? 모든 교회와 직분자들이 다 이런 것은 아니지만 우리 자신을 돌아보아야 할 내용이라 생각합니다.

'빨리 빨리'의 신앙은 교회를 세우는 데 있어서도 볼 수 있습니다. 교회가 무엇인지에 대한 진지한 고민 없이 단지 외적인 성장에만 관심을 갖는 것을 봅니다. 교회를 개척하거나 혹은 청빙을 받은 모든 분들에게 나타나는 공통점은 수년 내에 성장을 소망하는 것입니다. 그래서 온갖 수를 다 사용합니다. 세상이 사용하는 마케팅 기법을 총 동원하여 각종 집회를 엽니다. 그리고 목사는 전국 곳곳에서 열리고 있는 교회 성장 세미나에 돌아다닙니다. 그 목적은 오직 교회의 성장입니다. 재미있는 것은 성장 세미나의 주 강사들은 수년에 빠른 성장을 이룬 발군의 사람들입니다. 그러니 더욱 호기가 넘치는 것이 사실입니다.

빠른 성장이 가져온 질병

그러나 빠른 성장은 반드시 문제를 야기합니다. 목사의 독재화를 가져오기도 하고, 교주화의 모습을 만들어내기도 합니다. 더욱 무서운 것은 성장한 교회의 가르침은 곧 성경의 권위와 방불한 것을 봅니다. 그래서 무서운 목사들이 성장한 교회에서 종종 나옵니다. 이들은 신학교에서 배운 것은 현장에서 쓸모없다고 말하는 용감성을 가지고 있습니다.

물론 빠른 성장이 모두 잘못되었다고 말할 수는 없습니다. 모든 교회가 다 빨리 성장하지는 않는다는 것입니다. 교회는 빨리 빨리를 외치고 기도한다고 성장하지 않습니다. 교회의 부흥은 철저하게 성령 하나님의 주권에 달려있기 때문입니다. 우리는 하나님의 명하신대로 순종할 뿐입니다. 성령의 역사가 사람의 원함대로 되어지지 않습니다. 이 사실을 잊어버리면 빨리 빨리에 목숨을 겁니다.

기업도 하루아침에 이루어지지 않습니다. 하물며 교회는 더더욱 빠르게 세워지지 않습니다. 물론 빠른 성장을 보인 교회도 존재합니다. 그러나 그 교회가 건강하게 성장하였는지는 따져 볼 문제입니다. 교회가 빠름의 함정에 빠지면 건강을 해치고 참된 교회의 모습을 상실할 수 있습니다. 빠른 것은 자칫 본질을 망각하게 할수 있기 때문입니다. 그러므로 빠름의 자리에서 바름의 자리로 옮겨야 합니다.

교회가 사는 길은 빠름에서 바름으로 전환하는 것에 있습니다. 빨리 성장하려고 용쓰는 것이 아니라 바르게 성장하려고 애를 써야 합니다. 이것이 교회와 신앙을 건강하게 세우는 일입니다. 그러기위해서는 교회의 본질에 대한 진지한 고민이 있어야 합니다. 교회에 대한 성경과 신앙고백 그리고 교회사의 가르침에 깊이 고민하고 세워질 때 바른 성장이 가능합니다.

빠름에서 바름으로 가는 길

바른 교회는 숫자의 올무에 얽매이지 않습니다. 숫자적 성장에 몰두하면 반드시 본질을 잃어버리게 됩니다. 많은 교회와 성도들이 숫자의 올무에 걸려서 허우적거릴 때가 많습니다. 숫자의 크고 작음은 교회의 본질에 아무 의미가 없습니다. 다만 건강한지 건강하지 않은지의 구별만 있습니다. 큰 숫자는 교회의 건강성을 유지하기에는 어려움이 많습니다. 비만이 우리 몸에 온갖 문제를 일으키듯이 비대해진 교회 역시 비슷합니다. 물론 작은 숫자를 가진 교회라 할지라도 본질을 잃어버리면 동일한 질병에 걸리게 됩니다. 그러나 이것이 전도의 무용성을 말하는 것은 아닙니다. 우리는 주님의 말씀에 따라 주의 나라를 확장하는 일을 계속하여야 합니다. 이 일은 주님 오시는 날까지 계속됩니다. 숫자의 올무에서 벗어날 때 교회에 주어진 본질적 사명에 충실할 수 있습니다.

또한 바른 교회를 세우기 위해서는 인내함이 필수입니다. 성장이 더디기에 다가오는 온갖 유혹과 우울함이 만만치 않습니다. 하지만 이 모든 것을 이겨내야만 합니다. 그래야 비로소 바른 교회를 세울 수 있습니다. 순간의 고난을 이겨내면 영광을 이야기 할 수 있습니다. 그런 의미에서 바른 교회를 세우기 위하여 분투하였던 성약교회의 이야기는 우리에게 많은 도전을 줍니다.

"우리가 기도회를 시작한 때가 1962년 11월 이십 며칠입니다. 그 이듬해 1963년 정월부터는 기도회에 다 같이 모였습니다. 그래서 일 년을 지내고 1964년부터는 교회라는 이름을 딱 내고서 시작한 것입니다. 교회라는 이름을 가지고 시작한때로부터 보더라도 지금 8년이 되었습니다. 그런 긴 세월동안에도 수가 늘지 않았습니다. 그것이 잘 한 것이냐 하면 '아 잘하는 것이다' 아무도 대답하지 못합니다. 누가 저에게 8년이나 된 교회가 항상 처음에 시작할 때의 수만큼 딱 유지하고 있는 것이 뭐 그렇게 잘하는 교회인가? 그거 잘하는 교회 아니라고 했습니다. 물론 잘하는 것이 아닙니다. 그러면 왜 그러고 있습니까? 재주가 없어서 그렇습니까? 물론 재주도 없지만 재주나 인기를 가지고 사람을 모아서는 결국 교회가 안 되는 것입니다. 그러면 왜 그러고 있습니까? 그런 것을 참아 가면서 값을 지불하는 것은 그 대신에 얻는 것이 있기 때문입니다. 그것이 무엇이냐 하면 모델 처치 즉 원형적인 교회라는 것을 지향해서 지금까지 걸어온 것입니다. 모델 처치를 지향하기 위해서 특수한 인물들만 모인 것이 아닙니다. 각각 어려운 사정이 있는 교우들이 모여서 한 신성한 가족을 이뤄 나갔는데 모두 다 문제를 가지고 있고 어려움을 가지고 있지만 어디든지 있을 수 있는 이러한 환경에서 사는 하나님의 자녀들이 모여 가지고 하나님이 주시는 은혜를 받으면 어떻게 전형적인 교회가 되는가를 중시하겠다는 것입니다."

1960-1970년에는 한국교회의 폭발적인 성장이 있었습니다. 교회 문만 열면 사람들이 모인다고 하였습니다. 그런데 성약교회는 다른 길을 걸었습니다. 바른 교회를 세우기 위하여 결정을 하였습니다. 당시에는 생소한 강해설교를 시작하였습니다. 성경을 강해하고 신앙고백서를 가르쳤습니다. 그렇게 50년을 이어왔습니다. 놀랍게도 지금은 사람들이 바른 교회가 어떤 모습을 가지고 있느냐고 할 때 살펴보는 교회 중 하나가 되었습니다.

욕망의 거부

그리고 바른 교회를 위해서는 세상의 욕망을 거부해야 합니다. 세상이 추구하는 논리 가운데 하나가 화려하고 크게 시작하면 많이 모인다는 논리입니다. 그래서 치킨 집 하나를 열어도 인테리어에 엄청난 투자를 합니다. 깨끗하고 좋은 공간에 사람들이 모인다는 것입니다. 저는 그것이 일리 있다고 생각합니다. 세상의 사업은 투자의 필요성을 강조할 수 있습니다. 하지만 교회는 아닙니다. 교회는 다르게 가야 합니다. 요즘 개척하는 이야기를 들으면 억, 억 합니다. 목 좋은 장소와 처음부터 화려하고 멋있는 인테리어를 생각하니 당연히 엄청난 돈이 들어갑니다. 이렇게 하는 이유는 빠르게 성장하고자하는 욕망 때문입니다. 그러나 이 욕망을 버려야 합니다. 시대의 현실도 그러하지만 바름에 있어서도 부합하지 않기 때문입니다. 교회는 영적인 공동체입니다. 그리고 공간은 그 공동체들의 모임 장소입니다. 우선순위는 공동체입니다. 공동체를 세워가는 것이 중요합니다. 그러므로 화려함이 목적이 아니라 함께함이 우선시 되어야 합니다. 그렇다면 공간은 그렇게 중요하지 않습니다. 공동체가 한 마음이 되어 만들어 가는 것이 좋습니다. 그래서 가정에서부터 교회가 세워지고 공간이 만들어지는 구조도 바름의 교회를 위하여 매우 좋은 방법입니다. 세상을 따라가는 것이 아니라 바름을 만들어 가야 합니다.

교회가 살아갈 길은 빠르게 성장하는 교회가 아니라 바르게 성장하는 교회가 되는 것입니다. 더구나 지금은 빨리 빨리 문화가 통하는 시대가 아닙니다. 교회 문만 열면 사람들이 몰려오는 시대가 아닙니다. 오히려 교회를 향하여 비난하고 돌 던지는 시대가 되었습니다. 한국교회를 신뢰하는 사람들이 20%도 안되는데 무슨 기대를 할 수 있습니까? 그럼에도 불구하고 여전히 빠름의 신앙과 교회를 생각하고 있다면 그처럼 어리석은 것은 없습니다.

대박은 없다

교회에는 대박이 없습니다. 신앙도 대박이 없습니다. 한 순간에 세워지는 교회, 성숙되는 신앙이 존재하지 않습니다. 우리는 종종 대충 살다가 인생 말년에 교회에 이바지 하겠다고 생각합니다.

이처럼 불쌍한 생각은 없습니다. 신앙이 그렇게 간단하게 주어지지 않습니다. 신앙은 부르신 그 날부터 차근차근 자라납니다.

우리 모두 빠름의 그늘에서 벗어나야 합니다. 그리고 원형의 교회를 찾아가는 바른 교회를 세워야 합니다. 이 일은 매우 더딜 수 있습니다. 그러나 앞으로 50년 후 100년 후의 교회를 생각하면서 다시 시작한다면 한국교회를 향한 하나님의 긍휼하심을 볼 수 있습니다.

빠름에서 바름으로 가는 길이 더딘 것 같아도 사는 길입니다. 지금 한국교회는 이 길을 선택해야 합니다. 빠름이 아니라 바름을 살피고 공부해야 합니다. 바른 교회가 무엇인지 나누고 토론해야 합니다. 믿음의 선진들이 목숨 바쳐 남겨 준 교회를 헐값에 팔아 버리는 일들이 생기지 않으려면 정신 바짝 차려야 합니다.

빠름에서 바름으로 가는 길이 한국교회가 다시금 이 땅에 이바지 하는 길이 됩니다.

2

소비자 중심의 설교에서
십자가 설교로

교회의 역사는 설교의 역사라고 하여도 과언이 아닙니다. 설교를 통하여 교회가 세워지기도 하고 무너지기도 합니다. 그만큼 설교는 교회의 세워짐에 있어서 큰 비중을 차지합니다. 하나님은 설교자를 통하여 자신의 이야기를 전달하셨습니다. 구약의 수많은 선지자들이 한 일은 바로 하나님의 말씀을 전하는 일이었습니다. 또한 예수님이 오셔서 하신 일 역시 하나님의 말씀을 전하시는 일이었습니다. 성령이 오시고 사도를 통하여 하시는 일 역시 말씀을 전하는 일입니다. 속사도들과 교부들이 남긴 것은 바로 설교였습니다. 종교개혁자들이 교회를 회복한 것도 바로 말씀이었습니다. 처절한 순교의 시간을 보냈던 스코틀랜드의 언약도들과 영국의 청교도들이 고난을 당하였던 이유도 바로 설교 때문이었습니다. 설교가 교회를 세우기도 하고 넘어지게도 하는 일에 중심을 감당하고 있습니다. 그래서 하나님은 시대마다 설교자를 보내어 교회를 유지하셨습니다.

어두운 교회사의 공통점

반면에 역사에서 어두운 시간을 보냈던 시기는 말씀이 더 이상 들리지 않았던 시대입니다. 신구약 중간기에 말씀이 들리지 않았습니다. 중세의 어두움은 다름이 아닌 말씀이 들리지 않았기 때문입니다. 말씀이 들리지 않았다는 것은 설교자들이 그 직무를 감당하지 않았다는 말과 같습니다. 직분으로서는 존재하였지만 실제로는 보이지 않았습니다. 말씀이 교회를 통하여 들려지지 않으면 성도들은 영적인 기근에 처하게 되고 마침내 세속적 가르침에 빠져들게 됩니다. 이러한 슬픔은 현재 진행형입니다. 말씀이 가볍게 여겨지면 성도가 방황하게 되고 교회가 무너지기 시작합니다. 그러므로 말씀이 바르게 증거 되어야 합니다.

베드로 사도는 소아시아에 흩어져 있는 고난 받는 그리스도인들에게 보낸 서신에서 고난을 이기는 길이 말씀에 있음을 강력하게 증거하였습니다. 이것이 정직한 위로이기 때문입니다. 베드로가 이토록 강조하였던 것은 그리스도인은 말씀으로 태어난 존재이기 때문입니다. 우리 속담에 '송충이는 솔잎을 먹고 산다'는 말이 있습니다. 다른 것을 먹었다가는 살 수가 없습니다. 또한 '물고기는 물을 떠나서 살 수 없다'고도 합니다. 다 같은 말입니다. 물에서 태어났기 때문입니다. 그러므로 물을 먹어야 삽니다. 이것이 하나님의 창조 원리입니다. 이와 같이 그리스도인은 말씀으로 태어났고 말씀으로 사는 존재입니다. 그러기에 상황에 관계없이 말씀이 능력이 되는 것입니다.

"너희가 거듭난 것이 썩어질 씨로 된 것이 아니요 썩지 아니할 씨로 된 것이니 하나님의 살아 있고 항상 있는 말씀으로 되었느니라 그러므로 모든 육체는 풀과 같고 그 모든 영광이 풀의 꽃과 같으니 풀은 마르고 꽃은 떨어지되 오직 주의 말씀은 세세토록 있도다 하였으니 너희에게 전한 복음이 곧 이 말씀이니라 그러므로 모든 악독과 모든 궤휼과 외식과 시기와 모든 비방하는 말을 버리고 갓난 아이들 같이 순전하고 신령한 젖을 사모하라 이는 이로 말미암아 너희로 구원에 이르도록 자라게 하려 함이라 너희가 주의 인자하심을 맛보았으면 그리하라(벧전 1:23-2:3)"

하나님의 말씀으로 그리스도인이 되었기에 순전하고 신령한 젖을 먹는 일이 생명을 유지하는 일이며 건강하게 살아가는 길입니다. 그리고 이 일은 바로 설교로 부터 시작합니다. 말씀이 중요함을 설교자로부터 듣고 말씀을 읽는 자리에 나갑니다. 그것이 하나님의 뜻을 이루는 일입니다. 동시에 이 땅에서 하나님이 주시는 복을 누리는 길입니다.

"이 예언의 말씀을 읽는 자와 듣는 자들과 그 가운데 기록한 것을 지키는 자들이 복이 있나니 때가 가까움이라(계 1:3)"

이렇게 말씀이 살아있을 때 교회는 건강하고 세상은 그리스도인을 두려워하고 존경합니다. 그러나 말씀이 사라지면 세상은 그리스도인을 통하여 아무것도 배우지 못합니다. 결국 천박한 존재로 떨어지게 됩니다. 말씀이 없는 그리스도인이 추구하는 것 역시 세상이 목숨을 거는 것과 동일하기 때문입니다.

강단에서 말씀이 선포되지 않으면 변화는 결코 일어나지 않습니다. 그것이 바로 암흑이 되는 것입니다. 그런 의미에서 우리의 모습을 살펴보아야 합니다. 손봉호 장로는 한국교회가 동네 개가 되어서 이 사람 저 사람이 툭툭치는 존재가 되었다고 한탄하였습니다. 종교개혁 이래 가장 타락한 모습이라고까지 말하고 있습니다. 아마 이 말에 대하여 반박하기가 힘들 것입니다.

역사에서 배워야 할 교훈

한국교회의 암흑기는 역사에 나타난 암흑기에서 교훈을 찾아야 합니다. 그것은 바로 설교의 회복입니다. 많은 이들이 설교와 설법이 다를 것이 없다고 말합니다. 목사의 말이나 승려의 말이 동일하다는 소리는 참으로 가슴 아픈 일입니다. 이것은 강단이 철저하게 소비자 중심으로 변했다는 의미입니다. 소비자의 마음에 들게 설교합니다. 소비자들이 떠나는 것이 두려워 그들의 귀를 간지럽게 해주는 설교가 주를 이루고 있습니다. 그 대표적인 것이 바로 기복설교이며, 개그 설교이고, 만담 설교이며, 간증과 예화 설교입니다. 이것은 사람들의 귀를 편하게 해 줍니다. 마치 바울이 앞서 알려 주었듯이 말세에 나타나는 현상입니다. 이것으로 교회는 결코 세워지지 않습니다. 잠시는 인기를 얻고 사람들의 마음과 귀를 시원하게 할 수 있을지 모르지만 마침내 교회를 무너지게 만듭니다.

회중들은 소비자들이 아닙니다. 회중들은 죄인입니다. 거듭나지 않으면 영원한 멸망으로 떨어지는 존재입니다. 또한 날마다 회개치 않으면 세상의 포로가 되어 살아가게 됩니다. 물론 세상에 사는 일이 쉽지 않습니다. 힘들고 지칩니다. 그래서 주일만이라도 편하고 가벼운 설교를 듣고자 할 수 있습니다. 하지만 그 시간이 길어지면 마침내 어두움의 포로가 되어 버리고 말 것입니다.

얼마 전 한 강의에서 상담으로 유명한 신학교수가 자신은 교회에서 결코 죄에 대하여 설교하지 않는다고 강조하였습니다. 그러면서 힘든 세상에서 사는 성도들의 현실을 알고 위로의 설교만

하라는 것이었습니다. 참으로 가슴 아픈 이야기였습니다. 이런 분들이 학생을 가르치고 있습니다. 그리고 그렇게 배운 목사들이 지금 도처에 있습니다. 삯군의 전형적인 모습입니다. 그런데 그들의 스펙이 대단합니다. 박사이고 목사이고 상담 전문가입니다. 그러니 혹하고 넘어가는 것입니다. 얼마나 잔인한 일인지 모릅니다.

강단의 설교

강단의 설교는 소비자 중심이 되어서는 안 됩니다. 성경 어디에도 그런 말은 없습니다. 성경이 말하는 것은 오직 하나입니다. 바로 '십자가의 복음'입니다. 십자가를 전하는 것이 설교여야 합니다. 바울은 말 많은 고린도 교회를 향한 메시지에서 자신이 오직 십자가만을 자랑하고 설교한다고 하였습니다.

"하나님의 지혜에 있어서는 이 세상이 자기 지혜로 하나님을 알지 못하는 고로 하나님께서 전도의 미련한 것으로 믿는 자들을 구원하시기를 기뻐하셨도다 유대인은 표적을 구하고 헬라인은 지혜를 찾으나 우리는 십자가에 못박힌 그리스도를 전하니 유대인에게는 거리끼는 것이요 이방인에게는 미련한 것으로되 오직 부르심을 입은 자들에게는 유대인이나 헬라인이나 그리스도는 하나님의 능력이요 하나님의 지혜니라 하나님의 미련한 것이 사람보다 지혜

있고 하나님의 약한 것이 사람보다 강하니라(고전 1:21-25)"

"형제들아 내가 너희에게 나아가 하나님의 증거를 전할 때에 말과 지혜의 아름다운 것으로 아니하였나니 내가 너희 중에서 예수 그리스도와 그의 십자가에 못박히신 것 외에는 아무 것도 알지 아니하기로 작정하였음이라 내가 너희 가운데 거할 때에 약하며 두려워하며 심히 떨었노라(고전 2:1-2)"

하나님의 증거를 전할 때 '예수 그리스도와 그의 십자가에 못박히신 것'을 전하겠다고 말합니다. 왜 그렇습니까? 이것이 생명을 얻는 길이기 때문입니다. 환경을 이기는 유일한 능력이기 때문입니다. 물론 십자가의 설교를 듣는 것은 쉬운 일이 아닙니다. 우리의 심령을 아프게 하기 때문입니다. 그래서 사람들은 싫어합니다. 하지만 십자가의 복음을 듣지 않고는 소생할 수 없습니다. 그러기에 십자가 설교는 소비자 중심의 설교의 반대편에 있습니다. 때로는 사람들이 듣지 않으려고 하기에 성도 수가 적을 수도 있습니다. 그러나 천 명, 만 명이 모이는 것이 중요한 것이 아니라 천국 백성이 되는 것이 중요합니다.

가볍게 여겨진 교회와 그리스도인의 삶을 회복하는 길은 바로 강단의 회복에 있습니다. 설교자는 십자가를 설교하고, 성도는 십자가를 설교하는 설교자를 소망해야 합니다. 자신의 가슴이 아프지만 영혼이 살아나는 말씀을 들어야 합니다. 이것이 한국교회를 살리는 길입니다. 십자가 중심의 설교가 방방곡곡의 강단에서 선포되어질 때 다시금 한국교회는 살아날 것입니다. 그 날이 오기를 소망합니다.

3

성장 기술자에서 설교자로

"목회와 교회 성장에 관한 중요한 서신입니다."

교회로 배달되어온 한 단체의 편지봉투에 있는 문구입니다. 처음 보아도 혹하게 합니다. 교회가 성장하지 못하여 힘들어하고 있는 이들을 유혹하기에 부족함이 없습니다. 더군다나 지금과 같이 전도가 힘들고 교회가 자립하기가 어려워진 시대에는 더욱 더 마음이 끌리게 되어 있습니다. 이것이 지금 목회의 현장입니다.

우리는 한국교회의 질병을 진단할 때 반드시 대형교회의 우상화와 성장 중심의 목회를 지적합니다. 이것은 보기에 좋은 떡이지만 반드시 탈나게 하는 상한 음식입니다. 그러므로 아무리 화려해도 우리 몸에 아무 도움이 되지 않습니다. 그런데도 사람들은 자신의 몸을 망가지게 하는 상한 음식을 계속해서 먹고 있습니다. 이것이 바로 오늘 한국교회의 모습입니다.

　우리는 정확하게 이러한 모습을 목격하고 있습니다. 그 반증이 수십억 혹은 수백억 되는 교회당들이 부도가 나거나. 경매에 붙여지는 모습에서 볼 수 있습니다. 자신들의 능력에 합당하게 감당해야 하는데 그렇게 하지 않는 이유 가운데 하나는 대형 교회에 대한 우상과 함께 그로 말미암아 얻어질 명예 때문입니다. 한국교회는 모든 주도권을 대형 교회 목회자들이 가지고 있습니다. 그래서 어디서 나타났는지 몰라도 교회만 크면 각종 매체의 주요 강사가 됩니다. 이러한 현실을 직면한 목회자들이 스스로 그 자리에 이르고자 하는 욕망을 가지고 교회를 키우려고 합니다. 한 영혼이 천하보다 귀한 것을 알면서도 실천하지 않습니다.

좁은 길을 포기한 신앙

　이것은 목회자들만의 모습이 아닙니다. 좁은 길을 포기한 성도들의 모습에서 잘 나타납니다. 대형 교회 다니는 것을 대단한 자부심으로 착각하고 있습니다. 신기하게도 세상에서 성공하였다고 하는 이들이 다니는 곳은 대부분 대형 교회입니다. 작은 교회에서 이름도 없이 빛도 없이 섬기는 이들을 좀처럼 볼 수 없습니다. 대형 교회가 자신을 성공하게 하는 좋은 도구로 여기고 있다고 볼 수 있습니다. 대형 교회 성도들은 함께 하는 성도들이 누구인지 관심이 없습니다. 대형 교회 다니는 것으로 만족해합니다.

물론 이것은 대형 교회만의 문제가 아닙니다. 중형 교회 성도들도 목회자를 청빙할 때 유학파를 요구합니다. 스펙이 좋은 목사를 선호합니다. 그가 가진 영적인 모습과 인격적인 자세 그리고 말씀에 대한 열심은 중요하지 않습니다. 바른 말씀을 전하는 목사를 기뻐하는 것이 아니라 자신들의 귀를 시원하게 해주는 목사를 원하는 모습을 봅니다. 아마도 한국교회 목사들만큼 스펙에 대한 자괴감에 빠진 이들도 없을 것입니다. 이러한 모습을 경험한 목사들이 외치는 설교가 성공과 기복 중심으로 가지 않는 것이 이상할 따름입니다.

이러한 현실적인 성취를 경험한 이들은 어떻게 해서든지 교회 성장을 위하여 목숨을 바칩니다. 전도의 열심이 구원받는 한 영혼을 위한 것이 아니라 교회의 성장을 위한 일이 됨을 봅니다. 완전히 주객이 전도된 모습입니다. 주님은 전도를 하는 제자들의 보고를 받고서 이적이 일어난 것을 기뻐하지 말고 하늘의 생명책에 자신들의 이름이 기록된 것을 기뻐하라고 하셨습니다. 이것이 전도의 영광입니다. 그러나 오늘날 전도는 철저하게 교회 성장에 초점이 맞추어져 있습니다.

일단의 기독교 잡지에 실린 광고가 우리의 현실을 잘 대변하여 줍니다. "개척에서 100명 교회 만들기", "OO 교회 이렇게 부흥하고 있다", "작은 교회도 성장할 수 있다"등 입니다. 더욱 기가 막힌 것은 최근에 와서 늘어난 설교 세미나입니다. 이 세미나는 강의료도 고액입니다. 그런데 목사들이 몰려들고 있습니다. 어떻게 생각하면 설교에 관심이 많은 것 같아서 좋은 것 같지만 실상은 교회 성장을 위한 도구로서의 설교 세미나가 아닌지 의심이 들기도 합니다.

아마도 이러한 현상이 일어나는 것은 교회 성장이 그 목사의 능력을 가늠하는 잣대로 사용되고 있기 때문입니다. 교회를 성장시킨 목사와 그렇지 못한 목사에 대한 대우는 비참할 정도로 큰 차이가 납니다. 그러니 목숨 걸고 수단과 방법을 동원해 성장을 시키려고 합니다. 또한 일부이기는 하겠지만 성장을 못 시키는 목사를 내어 쫓는 교회도 있습니다. 그러니 얼마나 피가 마르겠습니까? 교회가 식구가 아니라 사설 학원처럼 변하고 있기 때문입니다. 유명한 강사만 살아남는 구조가 교회입니다. 한 영혼이 소중한 사실을 놓치면 교회는 사설 학원으로 변질 됩니다. 이러한 현실과 부딪혀 싸울 때 비로소 교회가 교회다워지고, 성도가 성도다워지고, 목사가 목사다워집니다.

목사와 교회의 변화

교회가 살려면 그 중심에 서 있는 목사가 분명하게 변화해야 합니다. 목사는 설교자로 부름 받았습니다. 그러므로 설교하는 일에 최선을 다해야 합니다. 장로와 집사가 자신의 역할을 감당하지 못하고, 성도가 자신의 정체성을 망각하는 것은 목사에게 책임이 있습니다. 목사는 설교자이지 교회 성장을 위한 기술자가 아닙니다. 성장을 통하여 인센티브를 받는 그런 학원 강사가 아닙니다. 목사가 자신의 정체성이 무엇인지 알고, 성도가 그러한 목사와 함께 할 때 교회는 살아납니다. 성도가 목사에게 요구하는 것은 성장이 아니라 설교와 삶이어야 합니다.

사실 성경이 말하는 전도는 말씀 선포입니다. 그리고 성령께서 말씀을 통하여 구원받는 자를 더하게 하시는 일입니다. 전도의 미련한 일이란 다른 것이 아니라 설교입니다. 그러므로 구원받는 이들이 더하여 지는 전도가 일어나려면 목사는 설교자가 되어야 합니다. 설교자가 되지 않고 성장 기술자가 되면 반드시 돈과 권력과 성의 노예가 될 수 있습니다.

설교자가 되기 위하여 목사의 주된 일은 말씀 공부와 기도 그리고 독서가 되어야 합니다. 그리고 이 일을 위한 건강함을 가져야 합니다. 또한 심방과 행정 역시 조절이 필요합니다. 그런데 오늘날 목회자들은 직분자들이 해야 할 일에 너무나 많은 시간을 투자하고 있습니다. 참으로 균형을 회복하는 일이 필요합니다. 그렇지 않으면 목사는 설교자가 될 수 없습니다. 또한 성도는 자신의 귀를 시원케 하는 설교가 아니라 자신의 폐부를 아프게 하는 설교를 기대해야 합니다. 그래야 굳은 죄성이 부서지고, 부드러운 마음을 가지게 됩니다. 이러한 설교자가 세워지고, 설교가 선포될 때 교회는 세상을 변화시키는 역할을 감당할 것입니다. 그리고 구원받은 자가 더하여 지는 놀라운 역사가 일어날 것입니다.

목사가 한 주 동안 말씀을 생각하는 것과 성장을 생각하는 것을 비교해 보시기 바랍니다. 어떠한 결과가 나타날 것인지는 분명합니다. 성장을 위하여 고민하는 목사가 아니라 하나님의 말씀을 부여잡고 씨름하는 목사가 세워질 때 교회는 건강하게 됩니다. 오늘 우리의 위기가 어디에서 왔는지 다시금 살펴보아야 할 때입니다.

4

유행에서 자긍심으로

"이번 세미나 정말 좋더라."

"세미나 주제가 뭐였는데?"

"이번은 지난번과 전혀 달라, 정말 좋아."

"무엇이 좋은데?"

"1년 만에 그 효과가 나타난데."

"이번엔 1년이야? 힘들지 않을까?"

"괜찮아."

"교인들은 매번 새로운 것을 해야 하니 정신없이 힘들겠다."

"교인들은 그냥 두면 안 돼."

"그렇구나..."

교회 성장 세미나를 놓고 이야기하는 모습입니다. 교회를 성장 시키는 새로운 방법이 있다고 침이 마르도록 홍보합니다. 이러한 모습에서 오늘날 교회의 모습을 봅니다. 교회가 세워지고 건강하게 성장하는 일이 쉽지 않은 현실입니다. 교회가 자립하는데 고난의 언덕을 얼마나 많이 넘어야 하는지 알 수 없습니다. 그렇다고 교회가 자립할 수 있다고 보장 받는 것도 아닙니다. 그러니 얼마나 답답하겠습니까? 더구나 현실은 기독교에 대한 비난이 어느 때 보다 심한 시기입니다. 앞선 세대들이 경험하였던 모습과는 전혀 다른 상황이 주어지고 있습니다. 교회를 가볍게 보고, 목사를 우습게 여기고, 기독교인들을 무시하는 모습들이 팽배한 상황입니다. 그러니 교회가 세워진다는 것은 정말로 어려운 일입니다.

거기에 비해 신학교에서 배출되는 학생들은 여전히 많습니다. 또한 경제적인 여유로 해외 유학을 가거나 국외 신학교 학위를 취득한 사람들이 지천에 깔려 있습니다. 한국 유학생들이 외국의 신학교를 먹여 살리고 있다는 우스꽝스러운 말들이 들려오는 시대입니다. 한국교회의 유학파들에 대한 사랑은 목회자 청빙에서 잘 나타납니다.

목회자 청빙 개그

한국교회는 1세대가 갈리면서 2세대의 목회자를 청빙할 때 유학파가 1순위가 되었습니다. 실제로 국내에서 묵묵히 목회하였던 이들이 중·대형교회 담임목사로 청빙 받는 것은 쉽지 않습니다. 그래서 기회만 있으면 유학을 갈려고 합니다. 한국교회는 그들이 어떤 학교를 나왔고, 어떻게 공부하였는지 중요하게 여기지 않습니다. 유학을 하고 왔다는 것에 후한 점수를 주고 있습니다. 때때로 이러한 모습으로 유학가지 못한 이들의 한숨 소리도 종종 듣습니다. 그래서인지는 몰라도 한국교회 목회자들은 기회만 되면 자녀들을 유학을 보내는데 최선을 다하고 있습니다. 이것이 우리가 처하고 있는 현실입니다.

상황이 이러하니 청빙을 받기 위한 불법적인 일들이 난무합니다. 청빙 받는 자에게 퇴임하는 목사의 퇴직금을 요구하는 것은 이미 일상이 되어버렸습니다. 이것이 작은 교회의 현실입니다. 일평생 목회하였던 목회자들의 노후는 생각보다 힘듭니다. 헌신 이후에 남는 것이 기초생활수급 대상자로 떨어지는 일도 있습니다. 그러니 퇴직하는 목사에 대한 미안한 마음과 교회를 살리고자 하는 마음에 후임자에게 돈을 요구합니다. 현실을 볼 때 무어라 말할 수 없지만 참으로 속상한 일입니다.

그러다보니 많은 성도들은 교회를 성장시키는 목사를 원합니다. 그리고 교회가 성장하면 위대한 지도자로 등극 합니다. 각종 세미나 강사와 심지어 신학교 교수까지 합니다. 성장이 주는 혜택은 개인적으로 매우 많습니다. 나이와 인격과 상관없이 대형 교회의 목회자들은 마치 한국교회의 지도자로 대우 받고 있습니다. 이러한 모습을 보는 것은 아주 흔한 일입니다. 개혁을 부르짖는 교회들도 비슷합니다. 큰 교회가 주는 물질의 힘은 대단합니다. 그 돈은 동시에 교단 정치의 중심에 서기도 합니다. 돈으로 교단 정치의 윗자리에 오른 이들이 얼마나 많은지 모릅니다. 우리는 존경 받는 목회자가 필요한 것이 아니라 성공한 목회자를 기대합니다. 교인들은 교회 성장을 시킨 목회자는 성령의 은혜를 받은 사람이며 능력자라는 인식을 갖고 있습니다. 무엇인가 그에게 능력이 있기 때문에 교회가 성장하였다고 믿습니다. 그리고 그러한 교회에 다니는 것을 자랑스럽게 생각합니다.

또한 앞서서 이미 말하였듯이 성장한 교회들 대부분은 앞 다투어 자신들의 교회가 어떻게 성장하였는지를 보여주는 세미나를 유행처럼 엽니다. 제목은 한결같이 건강한 교회를 위한 목회 공개라고 하지만 성장을 자랑하는 것처럼 보입니다. 왜냐하면 작은 교회들 가운데 누가 세미나를 열겠습니까? 또한 누가 비싼 회비를 내고 성장하지 않은 교회의 세미나에 오겠습니까? 단지 혼자만의 생각으로 말하는 것이 아닙니다. 현실이고 실제로 경험한 일이기 때문에 말하는 것입니다. 우리는 속지 말아야 합니다. 건강한 교회는 큰 교회라는 등식을 가질 필요가 없습니다. 오히려 끊임없이 분립하는 것이 건강한 교회입니다. 그런데 큰 교회되기 위한 세미나를 여는 것이 얼마나 우스꽝스러운 일입니까? 이러한 세미나는 이제 쓰레기통에 버려야 합니다. 다행히 최근에 작은 교회들이 세미나를 열고 있는 것이 보입니다. 큰 교회가 되고자 하는 세미나가 아니라 교회 그 자체의 건강을 위한 세미나가 더욱 필요합니다.

지금까지 한국교회는 차려 놓은 밥상에 숟가락 하나 더 놓는 목회였습니다. 교회를 세우면 사람들이 몰려왔습니다. 그러나 그러한 세대는 점점 사라지고 있습니다. 교회 부동산을 전문으로 하는 사이트에 나와 있는 현황만 보아도 이러한 사실을 알 수 있습니다. 교회가 세워진다고 사람들이 몰려오지 않습니다. 그렇다고 온갖 종류의 방법을 사용한다고 성장하는 것도 아닙니다. 많은 분들이 큰 교회들이 여는 세미나에 참석하고 따라합니다. 그래서 작은 교회들을 가면 비슷비슷합니다. 모두가 시대의 유행을 따라 교회를 세우고 있기 때문입니다.

멈추고 다시 세우자

이제 멈추어야 합니다. 유행을 따라 교회를 세우는 것이 아닙니다. 목회자든 교인이든 동일한 생각을 가지고 있어야 합니다. 교회는 성장하는 곳이 아니라 구원받는 자가 더하여지는 곳입니다. 물론 성장 자체를 무시하거나 부정하는 것은 아닙니다. 교회는 자라나야 합니다. 그것이 하나님의 명령입니다. 그런데 어떻게 자라나느냐가 중요합니다.

우리는 성장을 위해서라면 유행하는 각종 요법을 사용합니다. 그래서 해마다 교회는 정신이 없습니다. 그리고 약효가 떨어질 때면 또 다시 새로운 유행을 따라갑니다. 교회가 유행만 따라다니다가 자신이 감당해야 할 일을 하지 못합니다. 얼마나 기가 막히는 일입니까? 이제 유행이 아니라 자긍심이 있는 교회를 세워야 합니다. 모두가 따라가는 길을 허덕이면서 쫓아가지 말고 선배들이 남겨 준 본질에 충실한 교회를 세워야 합니다. 그래야 작아도 큰일을 감당하는 교회가 될 수 있습니다. 큰 교회 따라가느라 가랑이가 찢어지는 일을 그만 두고 자신의 은사에 맞게 목회하고, 복음에 충실한 설교를 하고, 하나님의 역사하심을 기다리는 일을 해야 합니다. 성도 역시 복음에 충실하다면 목숨까지도 내줄 수 있는 동역자가 되어야 합니다. 이것이 자긍심 있는 교회입니다.

교회는 목회자가 세우지 않습니다. 교회는 모든 지체들이 함께 만들어 갑니다. 그러기에 교회의 성장이 목사의 기준이 아닙니다. 교회는 모든 성도들이 함께 울고 웃으면서 만들어 갑니다. 그렇게 세워진 교회가 자긍심이 있습니다. 교회는 개인의 욕망을 표출하는 도구가 아닙니다. 하나님의 살아계심을 증거하고 영적인 충만을 누려야 합니다. 교회를 자신의 삶을 위한 도구로 삼을 때 이미 교회로서의 기능은 끝난 것입니다. 교회를 자신의 사업 파트너로 삼고자 할 때 더 이상 교회가 아닙니다. 이러한 교인들이 교회에 대하여 어떠한 자긍심을 가질 수 있겠습니까? 목사가 어떻게 자긍심을 가지고 목회 할 수 있겠습니까? 유행에 따라가기 시작하면 목사는 더 이상 십자가의 복음을 전하지 못합니다. 성도들 역시 자신의 귀를 간지럽게 해주는 설교만 듣기를 원합니다. 이것이 무너진 교회의 실체입니다.

이제 교회가 살아나는 길은 유행을 쫓아 교회를 세우는 일을 멈추고 은사에 따라 교회를 세워야 합니다. 종교개혁자들이 피를 토하며 전해 주었던 교회를 이어가야 합니다. 그렇게 해야 우리의 시대는 물론이고 다음 세대를 살릴 수 있습니다. 복음이 없는 시대와 복음이 사라진 다음 세대는 생각만 해도 끔찍합니다. 이제 유행의 길에서 돌이켜 자긍심이 있는 교회를 만들어야 합니다. 자긍심 있는 목사와 성도가 있는 교회가 우리들의 사명입니다. 교회가 세워지기가 힘든 이 시대에 자긍심 있는 교회를 세우고 자랑하고 기뻐할 수 있다면 하나님은 이 교회를 반드시 지켜 주실 것입니다. 교회가 시대의 조류에 따라 이리 저리 흔들리지 않고 푯대를 분명히 하고 의연하게 나간다면 구원 받는 이들이 충만한 교회가 될 것입니다. 오늘도 이러한 교회를 꿈꾸며 살아갑시다.

5

지름길에서 좁은 길로

"그렇게 목회하는 것은 기적에 가깝습니다."

지역에 있는 후배 목회자가 한 말입니다. 요즘 시대와는 동떨어진 모습을 가지고 있는 교회를 향한 말입니다. 한 번도 그렇게 생각하지 않았는데 후배목사의 말을 듣고 많은 생각을 하였습니다. 시대의 흐름과 다른 교회라는 것이 밖에서 보기에는 기적에 가깝게 보일 수 있음이 매우 흥미로웠습니다. 시대의 흐름과 다른 교회라는 것이 무엇을 의미하는지 정확하게 정의할 수 없지만 세속화에 맞서 몸부림을 치고 있는 것만은 분명합니다.

교회 성장을 위하여 온갖 방법을 동원하지 않는 것, 연예인을 비롯한 인기 강사들의 간증 집회를 하지 않는 것, 직분자를 세우는

데 긴 시간을 갖는 것, 재정을 투명하게 관리하고 집행하는 것, 연속 강해 설교를 지속하는 것, 사회 참여에 대하여 열려있는 것 등을 말 할 수 있습니다. 그런데 이렇게 생각하면 너무나 기본적이고 특별한 것이 없습니다. 그럼에도 불구하고 이러한 교회를 세운다는 것이 기적이라는 말을 듣습니다.

한국 초대교회의 아름다움

한국에 전래된(세워진) 교회는 처음부터 이러한 모습을 가지고 있었습니다. 우리나라 최초의 세례자는 백홍준, 이성하, 이응찬, 김진기 입니다. 이들은 1879년에 맥킨타이어 선교사를 통하여 세례를 받았습니다. 그리고 같은 해 존 로스 선교사를 통하여 서상륜이 세례를 받았습니다. 특별히 스코틀랜드 선교사인 존 로스는 이들에게 철저하게 복음을 전하였습니다. 장로교가 시작된 스코틀랜드에서 온 선교사들답게 쉽게 세례를 주지 않았습니다. 그리고 빨리 복음을 전하는 일에도 매진하지 않았습니다. 로스 선교사는 첫세례자들과 함께 성경을 번역하였습니다. 그리고 그 성경을 가지고 조선 땅에 들어가게 했습니다. 성경이 들어오는 것이 불법이고 기독교인으로 발각되면 죽을 수 있기 때문에 결코 쉬운 일은 아니었습니다. 그러나 이들은 압록강을 통해 성경을 들여왔고 이 땅에 복음이 전하여지고 믿는 자가 나오기 시작하였습니다.

복음이 전파되는 일은 오랜 시간이 필요합니다. 한 명의 진정한 성도를 얻는 것은 천지를 진동시키는 일입니다. 그러므로 교회 다니는 것으로 끝나는 것은 아무 의미 없습니다. 거듭난 한 사람이 필요합니다. 한 영혼이 천하보다 귀한 것은 그 한 사람이 천하에 복음을 전하는 도구가 되기 때문입니다.

중국 4대 명문대 중 하나인 절강대학은 소설 상록수로 유명한 심훈이 공부한 학교입니다. 더 놀라운 것은 이 대학의 전신인 지강 대학이 바로 허드슨 테일러 선교사가 세운 학교라는 것입니다. 그리고 지강 대학의 전신은 육영 서원, 구시 서원에 뿌리를 두고 있는데 육영 서원 역시 선교사들이 세운 학교입니다. 결국 지금의 중국 최고의 대학이 되었고 다른 어떤 대학과 달리 기독교 국제 교류센터가 있는 학교입니다. 중국 정부가 공식적으로 인정한 기독교 연구 대학입니다. 그 시작이 바로 한 사람으로 시작되었습니다. 하나님의 부르심을 받은 선교사 한 사람이 바로 중국을 변화시키는 일을 한 것입니다.

그러나 그 길은 매우 힘들었습니다. 허드슨 테일러는 아내와 두 명의 자녀를 중국 땅에서 먼저 하나님께 보냈습니다. 그러한 고통과 아픔을 견디고 복음을 전하는 일에 최선을 다하였습니다. 복음을 위하여 사는 것은 쉽지 않습니다. 고난의 언덕을 수 없이 넘어야 합니다. 결코 쉽고 빠른 길이 없습니다. 교회의 역사는 이 사실을 분명하게 보여 주고 있습니다.

지름길은 없다.

　신앙의 길에는 지름길이란 존재하지 않습니다. 빨리 빨리 한다고 성장하지 않습니다. 신앙은 반드시 좁은 문을 통과해야 합니다. 그리고 좁은 길을 갈 때 천성에 도달할 수 있습니다. 그러나 우리의 관습이 늘 지름길을 원합니다. 빠른 결과를 원하고 기대합니다. 그러기에 하지 말아야 할 세속적 방법을 사용하는 것을 봅니다. 『천로역정』에 보면 형식주의자와 위선자가 나옵니다. 이들의 특징은 좁은 문이 아닌 지름길을 선택하는 사람들이라는 것입니다. 이들이 태어난 도시는 바로 헛된 영광입니다. 좁은 문을 통과하지 않는 것은 불법이라고 말하는 크리스챤에게 이들이 하는 대답에서 우리의 모습을 봅니다.

　"우리 고장 사람들은 이 길로 들어오려고 좁은 문으로 가는 것은 너무 멀다고 여깁니다. 그래서 그들은 지름길을 만들었고 담을 넘어 들어오고 있소. 우리도 그들처럼 들어온 것이오"

　이들은 또한 이렇게 말합니다. "천년을 지켜온 관습이니 공평하신 재판장께서 합법적인 것으로 인정하시리라 생각합니다."

　많은 사람들이 쉽게 신앙의 열매를 얻으려고 합니다. 그리고 목사들이 쉬운 길이 있다고 가르칩니다. 너무 힘들고 고생스럽게 신앙생활을 하지 말라고 말합니다. 그러나 헛된 영광에 사로잡힌 자들이 하는 일은 거룩한 영광을 소망하는 우리들이 할 수 없는 일입니다. 오늘날 교회가 무너지고 있는 까닭은 바로 이러한 헛된 영광에 사로잡혀서 좁은 문이 아닌 지름길로 가기 때문입니다. 직분자가 되는 것이 중요한 것이 아니라 천국 백성이 되는 것이 더욱 중요합니다. 그러나 우리는 천국 백성이 되는 것 보다 땅의 직분을 더욱 소중하게 여기는 것을 봅니다. 이것은 스스로 패망에 이르는 길입니다.

교회가 가야 하는 길은 주님의 가르침대로 좁은 문을 통과하여 좁은 길로 가는 것입니다. 좁은 문은 이상한 문이 아닙니다. 이 문은 주님이 제정하신 문입니다. 이 문을 통과하여야 하나님의 나라를 향하여 갈 수 있습니다. 넓은 문과 길은 모든 사람들이 갑니다. 예수님은 이에 대하여 모든 이방인이 가는 길이라고 하였습니다. 그러기에 편하고 쉽습니다. 하지만 하나님의 영광에 결코 이를 수 없습니다.

그리스도의 몸인 교회를 세우는 일은 세상 사람이 하는 방법이 아니라 오직 하나님이 정하신 방법대로 해야 합니다. 그렇지 않으면 번듯한 외모를 자랑하는 교회라 할지라도 한 순간에 무너질 수 있습니다. 초대교회가 보여 주었던 모습은 다른 것이 아니었습니다. 하나님의 방법대로 교회를 세워가는 일이었습니다. 초대교회는 하나님을 찬미하며 온 백성에게 칭송을 받으니 구원 받는 자가 더하여 갔더라고 말합니다(행 2:47). 거창한 이벤트나 화려한 마케팅이 없었습니다. 이들은 사도들의 가르침을 받고 서로 떡을 떼며 기도하고 교제하였습니다. 아주 기본적인 일들만 감당하였습니다. 그런데 교회는 구원 받는 자가 더하여졌습니다. 성경이 이렇게 분명하게 가르치고 있는데 우리가 안 된다고 말하는 것은 모순입니다.

오늘날도 교회는 동일한 방법으로 세워집니다. 사도들이 전하여 준 말씀을 전하고, 교제하고 기도하면 구원받는 자가 더하여집니다. 바로 이것이 좁은 문으로 들어가는 일입니다. 다른 것이 필요하지 않습니다. 오직 바른 복음을 전하고, 인격적인 교제를 나누고 함께 기도하는 일입니다. 그리고 경건의 모양이 아니라 경건의 능력을 나타내야 합니다. 이 길은 결코 쉽지 않습니다. 아주 힘들고 어렵습니다. 하지만 교회가 바르게 세워지는 길입니다.

한국교회가 사는 길은 지름길 신앙을 버리는 일입니다. 좁은 문 신앙으로 무장 되어야 합니다. 그것이 사는 길입니다. 지름길은 빠르게 보이지만 결코 결승점에 도달할 수 없습니다. 좁은 문을 통과하고 좁은 길을 가는 것은 돌아가는 듯 보이고 힘들지만 반드시 영광의 자리에 서게 합니다.

6

출석 신앙에서
고백적 신앙으로

"예수님은 좋은 데 교회는 싫습니다."

요즘 이러한 말들이 이곳저곳에서 들리는 것을 봅니다. 이들을 가리켜 가나안 성도라고 부르고 있습니다. 가나안 성도는 예수님은 믿고 싶은데 교회는 다니기 싫은 사람들을 지칭합니다. 대부분 교회에서 상처를 받고 떠난 사람들입니다. 교회가 주는 상처가 얼마나 큰 것인지를 가늠하게 합니다. 교회로부터 받는 상처는 참으로 다양합니다. 그 가운데 목회자의 비신앙적 행위로 받는 상처가 아주 치명적입니다. 대표적으로 말하면 성경과 관계없는 설교, 지나친 헌금 강요, 재정의 불투명성, 독재에 가까운 권위 등입니다. 여기에 대형 교회 목사들의 타락으로 인하여 다가온 아픔은 믿음이 연약한 성도들에게는 쓰나미와 같습니다. 그래서 교회는 나가지 않고 인터넷이나 방송을 통하여 홀로 신앙생활을 하는 것입니다.

등지는 모습

그런데 교회를 등지는 이들의 모습에는 집단적인 모습도 있습니다. 앞에서 언급하였던 한 교회의 모습은 교회에 대하여 많은 생각을 하게 합니다. 목사가 이미 죽었는데 다른 목사를 세울 생각은 하지 않고 사람들이 목사 생전의 설교 테이프를 듣고 앉아 있습니다. 이들이 이렇게 하는 것은 죽은 목사에 대한 추억을 넘어서 추종하고 있기 때문입니다. 이것은 교회를 왜곡한 모습입니다. 그러나 좀 더 생각해보면 이들은 집단적 가나안 성도라고 말할 수 있습니다. 왜냐하면 자신들을 만족해 줄 교회와 목사를 찾는 것이 어렵다고 생각하기 때문입니다. 그래서 설교 영상으로 주일을 보내고 있습니다. 설교는 살아 있는 인격과 인격의 만남 속에 이루어지는 성령의 역사입니다. 영상설교가 옳다면 교회사의 기라성 같은 목사들의 설교를 복원해서 들어야 하지 않습니까? 참으로 슬픈 현상이 아닐 수 없습니다. 이렇게 된 것은 한국교회의 아픔이기도 하지만 목사들의 잘못된 가르침이라고 생각합니다. 제대로 가르쳐 주지 않고, 바르게 배우지 못한 결과가 이런 집단적 현상을 만들어

낸 것이라 생각합니다.

또한 상식적으로 이해 할 수 없는 일들이 가나안 성도를 만들어 내기도 합니다. 바로 성도를 성추행한 목사를 따라서 교회를 운영하는 이들 때문입니다. 그 사람을 추종하는 한 사람은 "어떤 목사도 우리 목사님 설교만큼 은혜를 주는 설교는 없었다."고 말하면서 "죄 없는 사람이 어디 있냐?"고 항변을 하는 것을 보았습니다. 이러한 상황을 보면 마치 집단적 최면에 걸린 것은 아닌지 묻고 싶을 정도입니다. 이 모든 것은 다 목사의 잘못입니다. 그리고 목사를 관리 감독해야 할 노회의 잘못입니다.

그러니 교회를 등지는 사람들의 출현은 당연한 일인지 모릅니다. 하지만 분명한 사실은 이들은 건강한 신앙을 가지고 있다고 할 수 없다는 것입니다. 우선 집단적으로 모여 있으나 거기에 성례가 집행되지 않고, 권징이 시행되지 않고, 말씀을 통한 인격적 소통이 없기에 바른 교회라 할 수 없습니다. 마치 비디오 장사와 같습니다. 바르게 가르쳤다면 이렇게 무지한 모습이 지속되지 않을 것입니다.

또한 자신의 성추행을 다윗의 경우에 빗대어서 말하고 있는 목사를 인정하는 것 역시 참된 신앙의 모습이라 할 수 없습니다. 다윗은 자신의 죄에 대하여 책망하는 나단 선지자의 말씀을 듣고 철저하게 회개하였습니다. 그렇기에 다시금 인정을 받을 수 있었습니다. 그러나 성추행한 목사의 모습에서는 그러한 모습을 전혀 찾아 볼 수 없습니다.

신앙고백에 대한 무지와 무관심

그렇다면 이러한 일들이 일어난 이유가 무엇이겠습니까? 한 국교회에 가나안 성도라는 이들이 증가하고, 성도의 수는 점점 줄어들며 동시에 이단들은 엄청나게 성장하고 있습니다. 도대체 이러한 슬픈 일들이 나타나는 이유는 무엇입니까? 그 이유는 교회가 신앙고백에 대하여 무지하였거나 무관심하였기 때문입니다.

요즘 교회와 성도들이 추구하는 것은 쉽고 가벼운 일입니다. 힘들고 어려운 일은 싫어합니다. 교회는 자신들의 꿈과 생활을 보조해주는 곳이지 자신들이 헌신하여 세워야 할 곳으로 생각하지 않습니다.

그러기에 적당한 위치를 좋아합니다. 때로는 양다리를 걸치기도 합니다. 그리고 머리 아픈 일은 되도록 피하고자 합니다. 그래서 공부하고 고민하는 일을 하지 않고 눈에 보이는 것을 추구하고 듣기에 좋은 말만 듣고자 합니다. 마치 사사기 시대의 모습처럼 자신의 소견에 옳은 대로 신앙 생활합니다. 이들의 특징은 주일에 교회에 출석하는 것으로 자신의 소임을 다했다고 생각합니다. 주일은 온전히 성수하겠다는 생각을 갖지 않습니다. 그래서 교회를 통하여 바른 진리를 배우고자 하는 열심히 없습니다. 또한 어려운 설교를 듣고자 하지 않습니다. 그러니 자신들의 잘못을 지적하는 말은 더더욱 싫어합니다. 이것이 오늘날 교회의 모습입니다.

출석 성도는 예비 가나안 성도입니다. 언제든지 떠날 준비를 합니다. 출석 성도는 기회만 오면 가출 성도가 되다가, 이 교회 저 교회 탐방하는 성도로 살게 됩니다. 그리고 자칫 기존의 모든 교회를 비방하고, 욕설하고 저주하는 자리로 옮겨가기도 합니다. 교회가 없으면 자신의 소견이 말씀보다 앞서게 됩니다.

이러한 자리에서 벗어나는 일이 교회를 살리는 길입니다. 출석 성도의 자리에서 고백적 신앙, 고백적 성도로 자라나야 합니다. 고백적 신앙은 우리 주님이 우리에게 요구하는 신앙입니다. 자신이 믿는 바를 분명하게 알고 고백하는 신앙입니다. 그래서 성경의 가르침과 교회사의 가르침에 충실합니다. 자신의 소견이 아니라 교회의 가르침에 귀를 기울입니다. 특별히 공교회가 제정하여 놓은 신앙고백에 대하여 열심을 다하여 배우고 인격적 고백을 갖습니다.

떠날 수 있는 근거

사실 이런 사실에 마음이 아픈 사람이 많을 것입니다. 저 역시 자유롭지 않습니다. 교회를 떠난 분들의 이야기 속에 제 모습도 함께 있기 때문입니다. 하지만 아쉬움도 많은 것이 사실입니다. 공동체 안에서 아프고 슬픈 일이 없는 것은 불가능합니다. 그러나 아프다고 떠나고, 슬프다고 숨는 것은 매우 불행한 일입니다. 그것은 교회를 바르게 인식하지 못하기 때문입니다. 교회는 그리스도를 머리로 하는 성도들의 공동체입니다. 그러기에 교회를 가족이라고 부릅니다. 가족이 되면 끊어지는 것은 죽음 외에는 없습니다. 성도는 우주적 교회의 일원이며 동시에 지역 교회의 일원입니다. 교회의 가족이 되었다는 것은 그리스도와 결혼하였음을 의미합니다. 이것을 신비적 연합이라고 말합니다. 이렇게 교회의 일원이 되었다는 것은 엄청난 의미가 담겨있습니다. 가족 간의 문제가 있다고 해서 가족 관계를 끊지는 않습니다. 함께 문제를 해결하고 집안을 세워 갑니다. 그러나 가족이 깨질 때가 있습니다. 그것은 부부가 간음하였을 때입니다. 부부가 헤어지면 가족이 깨어집니다. 교회의 일원이 떠나는 경우는 신학적으로 도덕적으로 간음하였을 때입니다. 교회가 이단적 사설을 말하거나, 도덕적으로 범죄를 저지르면 떠날 수 있습니다. 이때도 반드시 떠나는 것이 아닙니다. 우선 간음을 제공한 것이 목사라면 목사가 떠나는 것이 우선입니다. 하지만 교회가 전체적으로 이러한 불의를 하고 있다면 개별적으로 떠날 수 있습니다.

그러나 그러한 모습이 아니라면 서로 사랑하고 소통하며 화해하고 견뎌야 합니다. 그것이 옳습니다. 비본질의 문제는 대부분 감정의 문제입니다. 감정은 언제든지 발동할 수 있습니다. 영적으로 성장하지 못하면 반복적으로 발생할 수 있습니다. 그러므로 떠나는 것이 해답이 아닙니다. 끝까지 나눔을 가진 후에 결정해야 합니다. 그것이 그리스도의 몸인 교회에 연합되었다는 의미입니다. 결국 신앙고백이 얼마나 중요한지 보여줍니다.

예수님은 제자들에게 이러한 고백적 신앙을 원하셨습니다. 사람들이 나를 누구라 하느냐? 너희는 나를 누구로 알고 있느냐? 이러한 예수님의 말씀에 "주는 그리스도시요, 살아계신 하나님의 아들입니다"라고 분명하게 고백하였습니다. 사도들은 자신이 보냄받은 지역에서 분명한 신앙고백을 나타냈고 가르쳤습니다. 그것이 성경의 기록입니다. 그리고 교회사에서 이러한 고백적 신앙은 지속되었습니다. 신앙고백이 있었기에 복음과 함께 고난을 받았습니다. 순교의 자리에 서는 것을 두려워하지 않았습니다. 사실 교회를 세우는 기초는 바로 이러한 신앙고백 위에 세워졌습니다. 예수님은 신앙고백을 들으시고 그 위에 주님의 교회를 세우셨습니다. 이것이 우리가 바르게 인식하여야 할 모습입니다.

고백적 신앙

고백적 신앙은 자신이 누구인지 분명하게 알고 있습니다. 그리고 구원이 어떻게 이루어졌는지 바르게 알고 있습니다. 바울은 이러한 고백적 신앙의 멋진 모델이 됩니다. 그는 자신을 향하여 죄인 중의 괴수라고 하였습니다. 그런데 하나님의 은혜로 구원받은 자녀가 되었다고 고백합니다. 이러한 고백은 단순한 감정의 변화만을 의미하지 않습니다. 성경의 가르침과 성령의 조명하심을 통하여 알았습니다. 이 놀라움은 어설픈 신앙으로는 알 수 없습니다. 고백적 신앙으로 자랄 때 비로소 알 수 있습니다.

거기에 한국교회가 직면한 이단들의 문제도 실상은 고백적 신앙을 강조하지 않음으로 생겨난 일입니다. 일부 사람들은 교단의 구별이 필요 없는 시대가 되었다고 말합니다. 바로 이것이 종교다원주의로 가는 첫 걸음이 될 수 있습니다. 혹 너무 큰 비약이라고 말할지 모르겠습니다. 그런데 그렇지 않습니다. 구별이 사라지면 성경이 남는 것이 아니라 종교다원주의가 남습니다. 더구나 신학적 정체성과 고백적 신앙이 중요하지 않고, 알려고도 하지 않는다면 이단들의 침투를 막을 수 없습니다.

그러므로 무엇보다도 분명한 신앙고백을 가르쳐야 합니다. 특별히 모든 개신교회는 종교개혁의 산물입니다. 이 사실을 잊지 말아야 합니다. 그렇다면 종교개혁의 신학적 가르침을 바르게 아는 일이 중요합니다. 동시에 교회사 가운데 종교개혁의 가르침이 어떻게 계승되고 발전되었는지를 보아야 합니다. 그래야 자신이 가지고 있는 신앙의 정체성을 알 수 있으며, 이단들의 침투도 막을 수 있습니다.

그런데 이러한 일은 한순간에 이루어지지 않습니다. 긴 시간이 필요합니다. 고백적 신앙을 가지기 위해서는 인내와 헌신이 중요합니다. 말씀을 배우고자 하는 열심과 포기하지 않고자 하는 인내와 자신을 던지는 헌신이 필요합니다. 아무리 교회를 오래 다녀도 고백적 신앙을 갖지 못하고 출석 성도로 살면 고백이 주는 그 영광을 결코 맛 볼 수 없습니다. 또한 구원받는 신앙에 이르렀는지도 알 수 없습니다. 출석 성도는 누구나 될 수 있지만 고백적 신앙인은 아무나 되는 것이 아닙니다. 마치 청함 받은 자는 많으나 택함 받은 자는 적은 것과 같다고 볼 수 있습니다. 고백적 신앙은 택함 받은 자의 증표라고 할 수 있습니다. 그리고 이들을 통하여 교회가 세워지고 사회가 변화됩니다. 이제 주일에 출석 도장만 찍는 성도가 아니라 온전히 성수하는 성도, 삶의 현장에서 분명한 신앙고백을 가진 성도가 되어야 합니다. 이것이 무너진 터를 세우는 일입니다.

7

신학적 냉대에서
신학적 환대로

"신앙 생활하는데 더 이상 교리는 필요 없습니다."
"신학교에서 배운 것 다 소용 없습니다."

기가 막힌 이야기로 들리십니까? 아니면 틀린 말은 아니라고 생각하십니까? 한국교회는 지금 이러한 소용돌이 속에서 헤매고 있습니다. 다시금 정신을 차리지 않으면 어디로 가야 할지를 상실하고 말 것입니다.

한국교회는 세계 교회 역사상 놀라울 정도로 성장하였습니다. 하나님의 크신 사랑이 있었음을 부인 할 수 없습니다. 그러나 이러한 은혜를 지키지 못한 아픔을 겪고 있는 현실을 봅니다. 하나님께 사랑을 받았는데 그 사랑이 우물 안 개구리처럼 머물러 있기만 한 것입니다. 세상은 이러한 교회를 향하여 불통의 교회이며, 이기적인 교회이고, 자만심이 가득 찬 교회라고 비판을 합니다. 그러면서 교회에 예수가 어디 있느냐고 반문을 합니다. 그도 그럴 것이 최근의 기윤실의 보고서를 보면 교회를 신뢰하지 않는 이유 가운데 '교회의 사회적 봉사보다 그리스도인의 윤리적 삶이 더 크다'고 응답한 것을 볼 수 있습니다. 이것은 교회의 사회적 봉사는 이제 자리를 잡았으나 기독인들의 윤리적 모습은 만족할 수 없다는 것입니다.

교회가 냉대 받은 이유

사회적인 책임을 감당하는데도 성공한 교회가 사회로부터 냉대를 받고 있는 이유가 분명해졌습니다. 이율배반적인 그리스도인의 모습입니다. 이것은 사랑이 없는 봉사의 모습이 얼마나 무익한가를 분명하게 보여주는 실례입니다. 아무리 많은 일을 한다고 할지라도 사랑이 없기 때문에 세상은 신뢰를 하지 않고 비웃는 것입니다. 또 다른 면으로 철저하게 이원론적인 신앙에 물들어 있음을 봅니다. 세상은 이러한 그리스도인들의 삶을 알아차렸습니다. 숨겨져 있던 모습들이 다양한 통로를 통하여 비춰지자 영광의 빛이 아니라 부끄러움이 드러나게 된 것입니다.

도대체 그렇게 찬란하게 성장하였던 교회가 부끄러움의 대상이 된 원인은 무엇일까요? 고도성장의 영광이 가져온 어두움의 근원은 무엇일까요? 그것은 바로 '신학적 냉대'에 있습니다. 교회는 성장을 위하여 신학적 논의를 포기하였습니다. 모든 것이 교회 성장으로 일원화 되었습니다. 말도 안 되는 일이 일어나도 교회만 성장하면 다 용납합니다. 재밌는 것은 교회가 성장하면 무조건 모든 것이 용서받는다는 것입니다. 강단에서 쇼를 하고, 헛소리를 하고, 이단적 발언을 하고, 비인격적 모습을 보여도 성장만 하면 다 용서됩니다. 그래도 하나님이 쓰시니까 그렇게 성장하였다고 받아들입니다.

이단들이 왜 득세할까?

한국에서 이단들이 득세하는 이유가 바로 이러한 잘못된 신학에 있습니다. 한 동안 교회들이 한 이단에 의하여 엄청난 시련을 겪었습니다. 그러자 교회마다 교리 공부를 시켜야 한다고 난리 법석을 떨고 있습니다. 성경공부조차 교회 성장을 위한 도구가 되어 버린 것입니다. 참으로 슬픈 일이 아닐 수 없습니다.

이뿐이 아닙니다. 각종 프로그램들이 성공만 하면 대박을 터트립니다. 그리고 조금 있으면 대형 컨퍼런스를 엽니다. 그리고 시간이 지나면 사라집니다. 한국교회는 아직도 성장을 위한 세미나가 서울과 지역 구분 없이 여전히 성황리에 열리고 있습니다. 물론 어떤 분들은 그때그때 마다 성장 프로그램이 교회를 위하여 필요하니까 하나님이 주신 것이라고 말합니다. 그런데 한 가지 놓치고 있는 것이 있습니다. 그때마다 성도들은 점점 피폐해진다는 간다는 사실입니다.

이제는 설교 세미나가 유행을 하고 있습니다. 세미나비도 엄청나서 신학교를 한 번 더 다닐 수 있을 정도의 비용이 듭니다. 설교에 목숨 걸어야 한다는 소리가 나옵니다. 참으로 반가운 소리입니다. 그러나 문제는 이것이 교회 성장을 위한 구호라는 것입니다. 교회 성장을 위하여 설교 세미나를 다니고 배웁니다. 너무나 속상하고 가슴 아픈 일입니다. 교회사의 대부흥을 경험하였던 시대의 목사들은 다양하였습니다. 설교 능력이 뛰어난 설교자도 있었지만 조나단 에드워즈와 같이 말씀을 읽는 설교자도 있었습니다. 그런데 성령의 역사는 동일하게 일어났습니다. 성장을 위한 설교는 결코 회심을 불러 오지 못합니다. 그러한 설교 세미나는 참으로 서글픈 일입니다.

믿음의 선배들이 남겨 준 유산을 한 번만 보아도 무익한 일을 하고 있는 것을 알 수 있습니다. 설교는 단지 스피치가 아닙니다. 말 잘한다고 되는 것이 아닙니다. 잠깐은 약발이 통할 수 있습니다. 그러나 오래가지 못합니다. 그러면 또 마약처럼 새로운 설교 세미나를 찾아갑니다. 아니면 다른 사람 설교를 표절하여 사용합니다. 이러한 목사의 설교를 들은 성도들은 어떻게 되겠습니까?

결코 성숙될 수 없습니다.

설교는 신학의 열매입니다. 신학이 정제되어 나타나는 것이 바로 설교입니다. 그런데 이것이 설교 스피치 세미나를 통하여 되겠습니까? 차라리 성경을 수 십 번 통독하는 것이 더 나을 것입니다. 신학이 없는 설교는 빈 수레와 같습니다. 공허합니다. 그리고 회심하는 성도들이 나오지 않습니다. 혹 종교인은 양성할 수 있어도 회심한 그리스도인은 결코 나타나지 않을 것입니다.

종교개혁신앙으로

한국교회가 다시 살아나려면 종교개혁신앙을 회복하여야 합니다. 오직 성경, 오직 믿음, 오직 은혜, 하나님 앞에서의 신앙을 살아내야 합니다. 이것은 오늘날 교회가 바른 신학 위에 다시금 세워져야 함을 의미합니다. 신학의 빈약함이 한국교회의 빈약함입니다. 신학의 무지가 한국교회 성도들의 무지를 낳게 하였습니다. 교회의 직분자라고 하는 이들이 가진 신학적 미천함이 목사들로 하여금 아무 말이나 지껄이게 한 것입니다. 교회가 신학을 가르쳐야 교회가 삽니다. 그리고 목사도 살고 성도도 살아납니다.

이전의 한국교회는 신학을 가르치면 지식에만 머문다고 냉대하였습니다. 틀린 말이 아닙니다. 사랑이 없는 지식은 덕을 이루지 못합니다. 그러나 사랑이 있는 신학은 교회를 건강하게 세웁니다.

믿음의 선배들이 시작하였던 일들을 회복하여야 합니다. 선배들은 자신들이 믿는 신앙이 무엇인지 분명하게 고백하고 문서로 남겼습니다. 오늘날 한국교회도 이러한 일들이 일어나야 합니다. 그래야 교회가 살아납니다. 교회마다 사랑으로 진리를 전하는 일들이 있어야 합니다. 성장하게 하시는 분은 하나님이십니다. 구원받는 자들도 하나님이 보내주십니다. 우리가 할 일은 하나님이 말씀하신 대로 배우고 사는 일입니다.

성경은 기록된 말씀을 보고, 듣고, 행하는 자들에게 은혜를 주신다고 약속하셨습니다. 더구나 그리스도인은 성령을 받은 사람들입니다. 성령이 하시는 일은 바로 진리를 알게 합니다. 진리가 무엇입니까? 바로 복음입니다. 그 복음은 예수님께서 성경대로 죽으시고 부활하신 일입니다. 우리가 힘써 이 일을 연구하여야 합니다. 그리고 성경이 말하는 놀라운 가르침을 배우고 기억하여야 합니다.

신앙은 교회 오는 것으로 끝나지 않습니다. 예배드리는 것으로 완성 되는 것이 아닙니다. 삶으로 나타날 때 완성됩니다. 그런데 이러한 신앙은 바른 신학위에 세워질 때 모든 것이 합력하여 세워집니다. 그러므로 성경은 주님 오실 때까지 그리스도를 아는 지식에서 자라가라고 말합니다(벧후 3:18). 그리스도의 장성한 분량에 이르기까지 자라야 합니다(엡 4:13). 그러므로 이제 되었다고 하는 자들은 반드시 넘어지고 말 것입니다(갈 6:3). 주님 오시는 그 날까지

주를 아는 일에 매진하여야 합니다. 이것이 교회를 다시 살리는 길입니다. 교회가 살아야 우리가 살고 하나님의 이름이 영화롭게 됩니다.

8

개인 신앙에서
공적신앙으로[1]

한국 기독교인들은 다양화된 오늘의 사회 속에서 어떠한 대접을 받고 있을까요? 한국 역사에 기독교가 미친 영향은 이루 말할 수 없습니다. 한국교회는 이 땅의 민주 시민 사회 형성에 한 축을 담당하였으며, 교육과 정치, 경제 등 제 분야에서 한국교회와 그리스도인들이 눈부신 활약을 하고 있는 것도 사실입니다. 그럼에도 불구하고 오늘날 한국교회의 성적은 어떠한가요? 기윤실에서 조사한 바에 따르면 그 성적은 C+로 부끄러운 수준입니다.

이러한 초라한 성적을 받게 된 근본적인 원인은 무엇일까요? 바로 공적 영역에서 한국교회의 모습 때문입니다. 한국교회가 공

---

1) 이 글은 월드뷰 2015년 1월호에 기고한 글을 약간 수정하여 수록하였습니다.

적인 영역에서 인정받지 못하고 있다는 사실은 기윤실이 지난 3년 동안 실시한 한국교회 신뢰도 조사 결과에 그대로 반영되어 있습니다. 특히 3년 연속 변하지 않는 항목, 신뢰에 대한 부정적인 생각이 그리스도인의 이중적 태도와 배타적 태도 때문이라는 통계는 우리의 마음을 아프게 합니다. 한국교회와 그리스도인이 다양성이 공존하는 현실에서 인정받지 못하고 있는 것입니다.

한국교회와 그리스도인들은 교회가 내적으로 건강하고 큰 문제가 없다고 생각하고 있으며, 실제 조사 결과도 그러합니다. 하지만 공적인 영역에서는 맥을 못 춥니다. 시민 사회라고 하는 공적인 영역에서 기독인들이 보이고 있는 미숙한 모습 때문입니다. 그러나 더욱 큰 문제는 이 미숙함이 마침내 무례한 그리스도인을 만들어 낸다는 것입니다. 무례한 그리스도인이 누구인가요? 이기적 존재로 살아가며 이웃을 전혀 배려하지 않는 사람입니다. 이런 사람들이 교회에서 만들어져 사회를 활보하고 있다고 생각해 봅시다. 얼마나 끔찍한 일인가요? 건강한 그리스도인은 미숙한 신앙을 벗어버린 자들입니다. 성경은 우리에게 어린아이 같이 젖만 먹지 말고 단단한 음식을 먹을 수 있도록 장성한 자가 되라고 말씀합니다. 하지만 이 땅에 교회가 세워진지 125년이 넘었음에도 아직도 그리스도의 초보를 벗어나지 못한 모습이 있습니다. 여전히 미숙함에 머물고 있는 것을 보면 부끄러울 때가 있습니다. 서둘러 부끄럽고 미숙한 자리에서 벗어나야 합니다. 그리고 성숙하고 영향력 있는 존재가 되어야 합니다.

공적 신학의 근거

하나님은 삶의 모든 영역에서 하나님의 주권을 나타내라고 명하셨습니다. 창세기 1:26-28은 첫 사람 아담에게 주신 창조명령입니다. 이 명령의 핵심은 '땅에 충만하고 번성하며 땅을 다스리라'는 것입니다. 하나님이 맡겨주신 삶의 모든 영역에서 하나님의 뜻을 발현하고, 하나님의 영광을 나타내는 일입니다. 이러한 명령은 성경 전체를 관통하며 흐르고 있습니다. 인간의 타락으로 하나님이 주신 노동과 문화의 사명이 왜곡되었지만 그 명령은 여전히 유효했습니다. 이러한 명령은 사람의 몸을 입고 오신 예수 그리스도를 통하여 더욱 분명해졌습니다. 예수님은 하나님을 사랑하고 이웃을 자신의 몸과 같이 사랑하는 것이 사람이 받은 가장 큰 계명이라고 가르치셨습니다. 사도 요한은 이를 "새 계명"(요일 1:7-11)이라고 하였고, 바울은 사랑에 대한 위대한 선언인 고린도전서 13장에서 사랑은 "자기의 유익을 구하지 않는 것"이라고 하였습니다. 사랑이 지역과 사회와 국가를 위한 실천이 되어야 합니다. 공공의 영역에서 사랑을 실천하는 것이 바로 그리스도인의 본질입니다.

이처럼 '창조 명령'과 '새 계명'은 공적신학의 핵심이며, 삶의 모든 영역에서 살아가는 그리스도인의 기준입니다. 또한 이 명령을 이루어 가는 것이 하나님을 영화롭게 하는 일입니다. 그리스도인은 통합적 존재로 부르심을 받았습니다. 교회는 물론 삶의 모든 영역이 하나님 나라입니다. 그러므로 나의 발이 닿는 곳마다 그리스도의 향기를 풍기며, 작은 예수의 초상화로 살아가야 합니다.

공적 신학의 실천

『무례한 기독교』의 저자인 리차드 마우는 "시민 교양"을 언급하며 이를 '공적인 예의'라고 하였습니다. 쉽게 말해 다양한 삶의 현장에서 중용을 지키고, 타인을 향해 예의 있는 태도를 취하는 것입니다. 그런 면에서 공적 신학의 실천은 기독교인들이 공적인 영역에서 예의 있는 삶을 사는 것이라 할 수 있습니다. 또한 삶에서 창조 명령과 새 계명을 실천에 옮기는 것입니다. 이것은 넓은 의미로 '하나님 나라 신학'이라고 할 수 있습니다. 삶 가운데 하나님이 주인 되심을 고백하고 인정하는 것입니다. 사적 영역에서만 하나님의 주권을 나타내는 것이 아니라 공적 영역에서도 하나님의 주인 되심을 인정하는 것입니다. 지역에서 나라 전체로, 개인 복지에서 사회 복지로, 개인의 의견에서 정치적 행동으로 나아가는 것입니다. 하나님의 관점으로 바라보고, 성경의 눈으로 살아가는 것입니다.

물론 다원주의 사회에서 기독교인이 가지고 있는 한계가 분명이 존재합니다. 우리는 이것을 감수하여야 합니다. 왜냐하면 성경이 말하는 구원의 유일성 때문입니다. 하지만 이 유일성이 대화의 방해가 아니라 주제가 되게 해야 합니다. 이것이 다원주의 사회 속에서 우리가 감당해야 할 몫입니다. 사회는 점점 다양화되고 종교적 문제에 더욱 민감하게 반응할 것입니다. 우리는 성경적 세계관에 입각한 공적 신학의 실천을 통해 이러한 현실을 이겨 나가야 합니다.

공적 신앙의 준비

공적인 영역에서 하나님의 주인 되심을 나타내는 일은 선택적 사항이 아닙니다. 필수적 요소입니다. 예수님은 우리들에게 세상을 등지고 산속으로 들어가서 살라고 하지 않으셨습니다. 오히려 우리들을 세상으로 보내셨습니다. 세상에 살되 세상에 속하지 않고 세상을 이기며 변화시키기를 원하셨습니다. 예수님은 하나님께서 자신을 세상에 보낸 것처럼 우리를 세상에 보낸다고 하시며 세상에서 거룩함을 나타내라고 말씀하셨습니다(요 17:11-26). 공적인 신앙은 철저하게 예수 그리스도 중심의 삶에서 시작합니다.

공적 신앙의 시작은 바로 예수 그리스도입니다. 그러므로 예수 그리스도에 대한 분명한 고백을 요구합니다. 신앙고백 없이는 결단코 세상을 변화시킬 수 없습니다. 예수님에 대한 사무치는 사랑이 있어야 비로소 세상이 눈에 들어옵니다. 이러한 고백 없이는 공적인 삶에 대한 중요성을 결코 깨달을 수 없습니다. 하나님의 사랑에 빚진 자의 고백이 내면 깊이 자리 잡을 때 세상으로 다가갈 수 있습니다.

둘째, 공적 신앙은 참된 경건의 실천입니다. 참된 경건이란 영적인 삶을 의미합니다. 성경에는 영성이라는 말이 없습니다. 대신 그 의미를 가지고 있는 경건이라는 말이 있을 뿐입니다. 공적 신앙은 이렇게 참된 경건의 충만함이라 할 수 있습니다. 야고보 사도는 참된 경건에 대해 중요한 정의를 내렸습니다. "하나님 아버지 앞에서 정결하고 더러움이 없는 경건은 곧 고아와 과부를 그 환난 중에 돌아보고 또 자기를 지켜 세속에 물들지 아니하는 이것이니라(약 1:27)."

고아와 과부는 사회적 약자를 대표합니다. 그들을 환난 중에 돌아보는 것이 바로 정결한 경건입니다. 오늘날 어렵고 힘들게 사는 이들이 얼마나 많은가요? 우리가 하나님이 기뻐하시는 영적인 삶을 살려면 사회적 약자들을 돌보는 일에 열심을 내야 합니다.

셋째, 공적인 삶에 열심을 내는 사람들은 자신을 지켜 세속화를 막아야 합니다. 스스로를 지키는 일이 정말 중요합니다. 많은 사람들이 공적인 영역에서 열심을 내다가 풀이 죽는 경우는 자신을 지키지 못하고 세속화되었기 때문입니다. 이 둘이 균형을 이룰 때 공적 영역에서 하나님의 주인 되심을 드러낼 수 있습니다.

넷째, 공적인 영역에서 기독인들은 '정직', '책임의식', '배려심' 부분에 힘써야 합니다. 정직은 기독교인을 기독교인답게 만듭니다. 작은 부분에서부터 정직을 실천해야 합니다. 기독교인은 이 부분에 모범이 되어야 합니다. 교회는 정직한 그리스도인을 만들어 내는 인큐베이터가 되어야 합니다. 이것이 바로 교회의 사명입니다. 또한 되면 좋고 안 되면 어쩔 수 없는 것이 아니라 맡은 일에 분명한 책임의식을 가지고 있어야 합니다. 이것은 견고한 역사의식에 기반 합니다. 우리가 살고 있는 이 땅에 대한 분명한 역사의식이 있을 때 책임 의식을 갖게 됩니다. 이것이 진정한 그리스도인의 모습입니다. 마지막으로 배려심의 함양입니다. 온유함과 사랑이 없는 진리는 빛을 발하지 못합니다. 그래서 성경은 "사랑으로 진리를 전하라"고 말씀합니다. 그런데 이 사랑에는 무엇보다도 상대방을 향한 배려심이 있어야 합니다. 배려심이 있을 때 배타적이지 않으며 인격적인 관계를 형성할 수 있습니다. 누구라도 그리스도인을 만나면 인격적인 존재임을 느낄 수 있어야 합니다. 참된 신앙은 인격에서 판가름이 납니다. 말과 행동에서 인격적인 모습이 드러나는 사람이 진정한 기독교인입니다. 특히 건덕을 위한 분명한 자세를 갖고 있지 않으면 잘난 체하다가 구렁텅이에 빠지고 맙니다.

다섯째, 자발적 불편을 받아들일 수 있어야 합니다. 그리스도인들이 공적 영역에서 부끄러움을 당하는 것은 세상과 동일하게 부와 허영을 좇고 있기 때문입니다. 주기철 목사님이나 손양원 목사님 그리고 장기려 박사 같은 세상에 경종을 울렸던 믿음의 선배들은 한결같이 자발적 불편을 감수하였습니다. 누릴 수 있고 무시할 수 있었지만 그것을 과감히 포기했습니다. 그리고 자발적 불편을 감당해냈습니다. 그러기에 세상은 그들의 말에 귀를 기울였고, 변화를 받아들였습니다. 작은 영역에서부터 자발적 불편을 실천해야 합니다. 그러면 세상도 그리스도인들의 말에 조금씩 귀를 기울일 것입니다.

삶의 모든 영역에 나타난 하나님의 영광

그리스도인은 교회로 모이고 교회로 흩어지고 교회로 사는 존재입니다. 세상을 등지고 사는 존재가 아닙니다. 교회당 건물만을 바라보며 만족하는 삶을 살아서는 안 됩니다. 삶의 모든 영역에서 하나님의 주권을 실천하는 사람들이어야 합니다. 하나님은 우리를 세상에 보내시기 위해 부르셨습니다. 그 일에 순종하는 것이 참된 믿음입니다. 성령으로 거듭난 그리스도인이라면 미숙한 신앙의 자리를 박차고 일어나 성숙한 삶을 살아야 합니다. 무례한 신앙이 아니라 부러움을 갖게 하는 신앙이 되어야 합니다. 우리 주변에는 약자들이 항상 존재합니다. 그리고 하나님의 공의가 필요한 곳이 널려 있습니다. 하나님께서 이 시대를 위해 우리를 부르셨다는 사실을 잊지 맙시다. 삶의 모든 영역에서 하나님의 영광이 나타나야 합니다.

교회가 회복되는 길은 멀리 있지 않습니다. 믿음의 선배들이 갔던 그 길을 걸어가면서 불의한 것을 벗어 버리고 삶의 모든 영역에서 그리스도인다움을 나타내는 일입니다. 그리고 그 일을 감당할 수 있도록 가르치고 실천하는 교회가 있어야 합니다. 지금 우리의 교회가 어떤 자리에 있는지 돌아보고 개인적 신앙의 아름다움이 공적인 영역에서 만개 할 수 있어야 합니다.

9
자랑에서 존중으로

"스펙이 아니라 스토리다"

요즘 많이들 듣는 이야기입니다. 스펙을 중시하는 사회에서 벗어나야 한다는 몸부림으로 나온 말입니다. 스펙은 구직자들이 취업을 위하여 준비하는 학점, 학력, 온갖 자격증을 말합니다. 이러한 것들이 충분할 때 취업이 될 수 있다는 생각입니다. 참으로 우울한 현실이지만 실제가 그러합니다. 비정규직 직원이 전체 취업의 1/3이 되기 때문입니다. 3명중 1명은 비정규직이 되는 현실에서 정규직을 위한 몸부림은 처절할 수밖에 없습니다. 그래서 젊은 이들이 스펙 쌓기에 청춘을 소비하고 있는 것입니다.

스펙에 물든 우리 사회는 참으로 가련합니다. 초등학교 시절부터 창의적인 삶이 아니라 스펙 쌓기에 몰두하고 있기 때문입니다. 고등학교를 들어가면 거의 스펙 쌓기 위한 사육에 들어갑니다. 봉사 활동도 자발적인 기쁨보다는 스펙을 위한 도구로 전락하는 것을 봅니다. 그러니 나라의 미래가 어떻겠습니까? 언론을 통하여 본 내용 가운데 '35살이 되었는데도 여전히 가난하면 자신이 못나서 그렇게 된 것'이라고 비웃는 사람을 보았습니다. 죽었다 깨어나도 1/3은 비정규직이 되는 사회에서 모든 책임을 개인에게 돌리는 이러한 현상이 스펙에 몰두하게 만드는 것입니다.

최근에 와서는 스펙 열풍에 제동을 걸려는 움직임이 조금씩 일어나고 있습니다. 기업마다 스토리를 말해 달라고 요청하고 있습니다. 자신이 살아온 이야기를 통하여 그 사람의 자질을 알아보겠다는 것입니다. 참으로 좋은 발상입니다. 사람은 자신이 살아온 이야기를 통하여 진정성을 발견할 수 있습니다. 삶이 사람이기 때문입니다. 이러한 모습이 잘 정착된다면 건강한 사회로 조금은 나갈 수 있습니다. 그런데 아쉽게도 우리의 모습은 아직은 시간이 걸릴 것 같습니다. 사람들이 스토리도 학원에서 만들고 있기 때문입니다. 그러나 기대를 포기하지는 않습니다. 스토리 안에 있는 진정한 스펙이 빛을 발휘하는 날들이 올 것입니다.

교회 이면의 풍경

우리시대의 모습을 언급하는 것은 교회의 모습과도 비슷하기 때문입니다. 오늘날 교회의 이면에 붙어있는 현상은 바로 스펙 교회, 스펙 목사입니다. 우스운 말로 지역구 목사와 전국구 목사가 있다고 말합니다. 전국 어디에서도 통하는 교회와 목사를 의미합니다. 그래서 지역구 목사들이 아무리 용을 써도 소용없다는 말이 나옵니다. 이러한 패배주의적 시각을 가진 것은 한순간에 이루어진 것이 아닙니다. 많은 시간 동안 잠식해 들어왔던 전국구 목사들의 욕심 때문입니다. 한 예로 전국구 목사가 시무하는 교회의 부교역자들은 일차로 담임목사 청빙 1순위가 됩니다. 그리고 그러한 목회자들의 상당수는 스펙이 괜찮습니다. 또한 청빙이 되지 않으면 프렌차이즈 교회를 세웁니다. 이것이 얼마나 피해가 심했으면 지역구 교회들이 프랜차이즈 교회가 들어오는 것을 막는 시위를 했겠습니까?

또한 지역구 목사들의 가슴 아픈 사연은 잘 키운 청년들이 결혼을 위하여 전국구 교회로 옮기는 것을 볼 때입니다. 막을 수도 없고, 보내기는 싫은 그 아픈 마음을 누가 알겠습니까? 전국구 교회로 모여드는 청년들의 스토리를 알아보면 그 속에는 지역구 교회의 눈물이 묻어 있음을 보게 됩니다.

그러나 여기에만 머물지 않습니다. 전국구 교회에서 사역을 하지 못하였던 일부 지역구 목사들은 자신들이 좀 더 나은 상황을 위하여 과감하게 스펙 쌓기에 최선을 다합니다. 대학원을 가고, 각종 자격증을 취득합니다. 사회복지사 자격증, 상담사 자격증, 독서지도사 자격증까지 스펙 쌓기의 일부로 인식되고 있습니다. 그러나 여기서 머물지 않습니다. 청빙을 받기 위해서는 유학은 필수 과정처럼 되었습니다. 학위는 받지 못하여도 이민 교회 목회자 타이틀만 있으면 청빙 조건에 유리한 고지를 점령하기 때문입니다. 이들에겐 하나님 나라를 위하여 소명과 삶의 여정이 중요하지 않습니다. 지금 가지고 있는 스펙이 중요합니다.

이것이 슬픈 우리의 자화상입니다. 물론 이 모든 것을 이기고 묵묵히 자신의 길을 가고 있는 이들이 아직도 도처에 있기에 한국교회가 그나마 지탱되고 있는 것은 사실입니다. 이렇게 슬픈 이야기를 길게 나열한 것은 여기서부터 새로운 길을 찾아 나서야 하기 때문입니다.

쓴 소리를 듣자

한국교회는 그 어느 시기보다 어려운 때를 보내고 있습니다. 유사 이래 이렇게 타락한 교회를 본적이 없다는 말을 듣고 있습니다. 얼마나 타락하였으면 이러한 소리를 들어야 하겠습니까? 결코 듣고 싶지 않은 이야기입니다. 그러나 쓴 약이 몸에 좋다는 말처럼 우리는 좀 쓴 이야기를 들어야합니다. 그렇지 않으면 교회는 점차로 악성 종양에 물들어 죽을 것입니다.

한국교회가 다시 살아나기 위해서는 우리는 스펙을 자랑하는 것에서 복음을 선포하는 교회로 전환되어야 합니다. 스펙을 보고 목사를 세우는 현상에서 복음과 삶의 이야기를 살펴서 세워야 합니다. 그리고 가진 것을 자랑하는 모습에서 가난한 자를 존중하는 신앙으로 변혁되어야 합니다. 한국교회의 병적인 모습은 큰 것을 자랑하고, 성공을 자랑하고, 높은 것을 자랑하고, 배운 것을 자랑하고, 가진 것을 자랑하였습니다. 그래서 복음과 관계없는 이상한 신앙을 양산하였습니다.

한국교회에서 흘러 나와야 하는 소리는 성공이 아닙니다. 번영이 아닙니다. 신비도 아닙니다. 복음입니다. 그리스도의 피 묻은 십자가의 소식이 들려져야 합니다. 그것이 교회를 살리는 유일한 길입니다. 다른 길이 없습니다. 오직 십자가의 복음만이 교회를 살리는 길입니다. 스펙을 자랑하고, 가진 것을 자랑하고, 큰 것을 자랑하고, 전국구 목사와 교회가 되었다는 것을 무기로 삼는다면 한국교회는 침몰하는 배와 다를 것이 없습니다.

한국교회가 앞으로 온 마음과 뜻과 정성을 다하여 감당해야 할 것은 바로 십자가의 복음으로 가난한 사람을 존중히 여기는 일입니다. 사회적 약자들의 아픈 가슴을 감싸 안아 주는 것입니다. 그리고 헛된 영광에 사로잡히면 안 됩니다. 외적인 것을 자랑하기 시작하면 그것은 멸망의 징조입니다. 화려한 예배당이 부흥의 증거가 아닙니다. 역사상 화려하였던 예배당 뒤에 멸망의 지름길이 놓여 있었음을 기억해야 합니다. 매머드한 교회는 참된 교회의 모습을 감당할 수 없습니다. 많은 이들이 모이는 것을 자랑하지 말고, 더 모이도록 광고하지 말고 중형 교회로 나눠야 합니다. 지금 우리는 세계에서 가장 큰 교회가 몇 개가 있다는 자랑을 지속적으로 해 왔습니다. 그런데 그 결과로 개독교가 되었으며, 동네 개처럼 이리저리 발길질을 당하고 있습니다.

우리는 배우는 일을 등한시해서는 안 됩니다. 기회가 된다면 지속적으로 공부해야 합니다. 그러나 공부가 자랑이 되거나, 번영을 위한 도구가 되거나, 교회 성장의 기반으로 삼는다면 그것은 버려야 할 쓰레기입니다. 우리가 할 일은 자랑이 아닙니다. 교만이 아닙니다. 고개가 뻣뻣해지는 것이 아닙니다. 겸손이며, 존중입니다. 특별히 힘이 없는 이들을 위한 나눔이 지속적으로 있어야 합니다. 전국구 교회들은 지역구 교회를 가볍게 보아서는 안 됩니다. 늘 존중해야 합니다.

허세가 아닌 자발적 헌신

성도 역시 동일합니다. 하나님의 복을 누리는 것은 참으로 감사한 일입니다. 배울 수 있고, 누릴 수 있게 된 것은 복입니다. 남들보다 좀 더 나은 삶을 살고 있다는 것은 감사한 일입니다. 하지만 이것이 우리의 자랑이 되어서는 안 됩니다. 혹시라도 자신이 받은 복을 간증하고 싶다면 자발적 불편을 사는 결단을 해야 합니다. 그렇지 않으면 은혜가 아니라 사욕입니다. 간증은 지금 잘 사는 것을 자랑하는 것이 아니라 주를 위하여 자발적 불편을 살겠다는 것이 되어야 합니다. 그렇지 않으면 다 허세입니다. 간증을 하려면 어떠한 조건도 없어야 합니다. 자발적 헌신을 통하여 하나님의 은혜를 나누는 자가 되어야 합니다. 그러한 각오가 없다면 간증이 자칫 하나님의 영광을 가릴 수 있습니다.

얼마 전 연예인들이 간증을 할 때에 매니저들이 상당수의 금액을 요구한다는 말을 들은 적이 있습니다. 그것이 사실이라면 참으로 슬픈 일입니다. 혹시라도 간증이 사업이 되고 있다면 멈춰야 합니다. 그것은 하나님의 영광을 가리는 일입니다. 이것은 연예인들만이 아닐 것입니다. 사업가든, 교육가든 간증을 하려면 거저 받았기에 거저 주는 자세를 가지고 있어야 합니다. 왜냐하면 간증은 하나님이 은혜를 주셔서 복을 받았기에 이제 아무 대가 없이 나누는 일이기 때문입니다.

우리는 돌아다니면서 주의 복음을 전해야 합니다. 하나님이 베풀어 주신 복을 간증해야 합니다. 이것이 우리가 할 일입니다. 목사는 복음을 전하고, 성도는 복음을 통한 삶을 전하는 것이 바로 복음 전도이며 하나님 나라를 확장 하는 일입니다. 이렇듯 한국교회를 다시 살리는 길은 자랑이 아니라 나눔입니다. 스펙이 아니라 복음이 만들어준 삶의 이야기입니다. 그리고 존중하고 겸손하게 사라지는 일입니다. 한 사람의 영혼을 위한 순수한 헌신이 있을 때 다시금 교회는 살아납니다. 오늘 그 수고를 우리들이 감당해야 합니다.

10

현세적 신앙에서
내세적 신앙으로

"올해는 물가에 가지 않는 것이 좋습니다."

한 번쯤은 이런 말을 들어 본 적이 있을 것입니다. 한국 사람들이 유달리 좋아하는 것 가운데 하나가 바로 '토정비결'입니다. 일 년의 운수를 알아보는 것입니다. 그래서인지 곳곳에 점집이 참 많이 있습니다. 결혼할 때는 궁합을 봅니다. 연애할 때는 연애점이라는 것이 있다고 합니다. 그래서 젊은이들이 많이 모이는 곳에는 타로 점집이 있습니다. 점에 관한한 우리나라 사람들의 열심은 특심합니다. 매우 이성적일 것 같은 정치인들이 선거철만 되면 점집을 기웃거린다는 이야기는 이상하지도 않습니다. 그런데 한 보도에 의하면 교회 다니는 사람들 가운데 상당수가 점을 보았다고 합니다. 아직 거듭나지 않은 이들의 어리석은 행동이라 생각할 수 있지만 참으로 슬픈 이야기입니다. 이러한 모습이 한국교회를 비추어 주는 거울이라고 생각합니다. 곪을 대로 곪아 있는 한국교회의 얼굴입니다.

점을 보는 이유?

사람들이 점을 왜 보는지 아십니까? 그것은 '현세에 대한 욕심' 때문입니다. 잘 먹고 잘 살기를 원하는 욕심이 점을 보게 합니다. 어떻게 해서든지 좋은 길 가고자 하는 이기적 욕심이 점집으로 향하게 하는 것입니다. 여기에는 내세에 대한 관심이 하나도 존재하지 않습니다. 죽으면 끝이라는 생각이 현세에 대한 탐욕으로 물들게 한 것입니다.

그러나 이것은 성경의 가르침과는 전혀 관계없습니다. 성경은 '보이는 것은 잠깐이고 보이지 않는 것이 영원하다'고 말합니다. 보이는 것에 집착하는 것은 탐욕에 허덕이는 자이며, 마침내 슬피 울며 이를 가는 자가 될 것이라 말합니다. 돈을 사랑하는 것이 일만 악의 뿌리가 된다고 분명하게 지적하고 있습니다. 이렇게 현세적 삶에 집착하는 것을 책망하고 있습니다.

하지만 한국교회의 현실은 어떠합니까? 교회 건축비만 2천억, 3천억 하는 교회들을 자랑하고 있습니다. 여전히 대형교회를 향한 앙망이 식을 줄 모르고 있습니다. 각종 교회 성장 세미나에 사람들이 북적거리고 있습니다. 그도 그럴 것이 대형교회 목사는 앞뒤 따지지 않고 능력 있고, 영향력 있는 목사로 여겨줍니다. 또한 모든 것을 한 번에 해결해 주는 교회들이 상종가를 치고 있습니다. 그러니 너도 나도 교회를 크게 하려고 하는 것입니다. 거기에 재정적 욕심으로 인하여 야기된 부끄러운 모습들은 한 둘이 아닙니다.

그래서 조금만 청빈해도 엄청난 칭찬을 받는 형국입니다. 얼마나 우스운 일입니까? 당연한 것이 놀라운 것으로 여김을 받는 세상입니다. 이 모든 것에는 온갖 종류의 정욕이 혼합되어 있습니다. 목사들이 이렇게 살아가니 성도들은 어떠하겠습니까? 그런 목사들을 본받아 사는 이들의 모습에서 내세 중심적 신앙을 찾을 수 있겠습니까? 교인들의 모습에서 그리스도의 몸을 세우기 위한 자발적 헌신은 찾아보기가 힘듭니다. 점점 쉽게 신앙생활 하기를 원합니다. 자신은 희생하지 않고 적당한 거리를 유지한 채 종교인으로서 남아 있기를 원합니다. 교회를 찾는 이유가 구원의 기쁨과 천국에 대한 소망이 아니라 이 땅에서의 부귀영화를 누리는 것에 있습니다. 그래서 자신의 귀를 간지럽게 해주는 곳을 찾아다닙니다. 여기에 교회의 무너짐이 있는 것입니다.

돌아갈 길

교회가 사는 길은 현세적 신앙에서 내세적 신앙으로의 돌아감이 있어야 합니다. 천로역정에 이러한 교훈이 잘 담겨져 있습니다. 주인공 크리스챤은 좁은 길을 통과 한 후에 해석자의 집에 들어갑니다. 해석자는 크리스챤에게 정욕과 인내라는 두 아이를 보여줍니다. 해석자는 정욕과 인내에 대하여 다음과 같은 설명을 합니다.

"정욕은 현세의 사람들이며, 인내는 내세의 사람들입니다. 여기서 당신이 본 것과 같이 정욕은 지금 당장 모든 것을 이 세상에서 다 가지려고 합니다. 이 세상의 사람들이 그렇게 지금 당장 좋은 것들을 반드시 가지려고 합니다. 그들은 내년까지 즉, 다음 세상이 올 때까지 그들의 몫을 기다리지 못합니다. '손에 잡은 한 마리의 새가 숲에 있는 두 마리의 새보다 가치 있다'라는 속담이 그들에게는 다음 세상의 복락에 대한 하나님의 증거보다 더욱 권위가 있는 것입니다. 그러나 당신이 보는 대로 정욕은 모든 것을 순식간에 낭비해 버리고 그에게 남은 것이라고는 누더기 옷밖에 없었습니다. 이 세상의 물질에만 어두운 사람은 이 세상의 마지막에 모두 정욕과 같이 될 것입니다."[1]

---

1) 존 번연, 천로역정, 김홍만역, (서울: 생명의 말씀사, 2013), p79-80

그러나 인내로 대변되는 내세의 사람들은 전혀 다른 영광을 보게 될 것입니다. 왜냐하면 인내가 누리는 기쁨은 하나님의 나라에서 주어질 영광이 결코 닳아 누더기가 되지 않기 때문입니다. 그러므로 "당장 눈앞에 있는 것들을 탐내기보다는 장차 올 것들을 기다리는 것이 현명한 일이라는 것을 깨달았습니다." 보이지 않는 것이 영원한 것입니다(고후 4:18). 이것이 그리스도인의 정체성입니다.

오늘날 한국교회가 살 길은 현세적 정욕의 삶에서 내세적 인내와 소망의 삶으로 돌아가는 일입니다. 이러한 성경의 가르침에 순종하는 것이 교회를 살리는 길입니다. 하나님의 영광을 나타내는 길은 바로 현세적 신앙에서 벗어나서 내세적 신앙을 회복해야 합니다. 현세적 신앙은 교회의 외향은 거대하게 만들었는지는 몰라도 처절한 세속화를 가져왔습니다. 그리스도의 사랑을 말하는 이들의 모습에서 다양한 차별이 있음을 봅니다. 이것은 교회가 아닙니다. 사람들의 모임입니다. 거기에는 하나님이 존재하지 않습니다. 그러므로 무너지고 말 것입니다.

한국 사회에 거대한 부동산 투기 광풍의 중심에 성도들이 없다고 자신할 수 있겠습니까? 부동산 광풍은 현세적 신앙의 전형적인 모습입니다. 성도들이 영적인 자부심은 다 버리고 철저하게 정욕에 붙들려 버렸습니다. 그래서 너도 나도 부동산으로 돈 번 것을 자랑하고 정보를 나누는 한심한 모습이 자연스럽게 나타나고 있습니다. 그래도 헌금을 많이 내니 교회도 희희낙락합니다. 세속화의 전형을 보는 것입니다.

본향을 향한 나그네의 삶

　이러한 부끄러운 현실 가운데 한국교회가 돌아갈 길은 다시금 내세적 신앙을 회복하는 일입니다. 이것은 본향을 향하는 나그네로 살아가게 합니다. 현세적 정욕을 이기는 길입니다. 그리고 교회를 살리는 길입니다. 우리 교회가 살 길은 바로 여기에 있습니다.

　그렇다고 내세적 신앙이라고 현실의 삶을 무시하라는 것이 아닙니다. 우리는 이 땅에 보냄 받은 자입니다. 하나님의 대리 통치자로 이 땅을 다스리는 자입니다. 세상에 있지만 세상에 속하지 않고 세상을 변혁시킬 사명을 받았습니다. 그러므로 누구보다도 열심히 살고 최선을 다해야 합니다. 하지만 이 모든 일이 현세적 편안함에 있지 있습니다. 하나님 나라를 위한 열심입니다. 그러기에 현실에 있지만 이타적인 삶을 살아갑니다. 개인적 풍요와 만족에 빠져 사는 사람이 아니라 공동체의 유익을 위하고, 사회적 약자들을 품으며 살아갑니다. 땅에 있지만 하늘을 바라보며 살아갑니다. 위엣 것을 찾는 것이 교회의 모습이며, 성도의 삶입니다. 본향을 향하는 순례자의 지위를 회복하는 것이 교회를 살리는 길입니다.

11

맹신에서
정직한 질문으로

"징역 1년 집행 유예 2년, 법정 구속, 상습적 성추행 목사"

이들이 속해있는 교회는 어떻게 되었을까요?

1번, 교회가 큰 시험에 빠졌다.

2번, 성도들이 떠났다.

3번, 목사가 징계되었다.

4번, 교단은 이들의 목사직을 면직하였다.

5번, 아무 일도 일어나지 않았다.

아마 눈치 챘는지 모르겠지만 정답은 5번입니다. 아무 일도 없습니다. 도저히 이해할 수 없는 일이 일어난 것입니다. 교회법이 무용지물이 되었습니다. 그 이유는 놀랍게도 대형 교회 목사들이라는 사실에 있습니다. 한국에서 대형 교회 목사는 무소불위의 권력을 가지고 있습니다. 사회법이 어떠한 징벌을 내려도 꿈적도 하지 않습니다. 교회가 크다는 것으로 모든 것을 묵인합니다. 죄가 죄로 인정되지 못하는 곳이 바로 대형 교회 목사의 위치입니다. 아마 작은 교회 목사가 저러한 행동을 하였다면 벌써 목사 면직을 시행하였을 것입니다. 괘씸죄로 목사를 면직하는 만행들이 날치는 세상에서 실형을 받고 성추행이 드러났다면 여지없이 징계의 칼을 휘날렸을 것입니다. 그런데 대형교회 목사들은 이러한 범죄에도 회개 없이 강단에 서서 설교를 합니다. 이러한 현실을 이해할 수 있겠습니까?

도대체 이러한 몰상식적인 일들이 일어나는 이유는 무엇입니까? 왜 성도들이 명명백백한 죄악 앞에서 아무 말도 못하는 것입니까? 그렇게 똑똑한 사람들이 많은데 왜 이러한 불의에 대하여 침묵하거나 방관하거나 도피하는 것일까요? 어떠한 일들이 있었기에 이런 어이없는 일들이 일어나는 것일까요?

맹목적 신앙

많은 이유들이 있지만 한 가지 분명한 것은 '맹목적 신앙' 때문입니다. 성경이 무엇을 말하고 있는지 관심은 없고 오직 개인의 번영과 축복에만 집중하는 신앙 때문입니다. 그러기에 '정직한 질문'을 던지지 않습니다. 결국 '정직한 답변'을 가지지 않은 채 신앙 생활하는 것입니다. 목사직에 대하여 분별력을 갖지 못하면 맹신자가 됩니다. 성경이 말하는 것이 무엇인지 깊이 묵상하지 않으면 진리와 거짓을 알 수 없습니다. 이러한 맹점을 이용하여 많은 목사들이 교회를 세운 것입니다. 그리고 시대의 어려움과 절묘하게 맞아떨어지면서 성장의 길로 나간 것입니다.

한 예로 성추행을 한 목사 주변에 젊은 변호사들이 포진하고 있다는 이야기를 들었습니다. 자신의 동료가 씻을 수 없는 상처를 당했음에도 불구하고 돌아보지 않고 비행 목사를 옹호하는 일을 한다면 어떻게 이해해야 하겠습니까? 아마도 목사의 편에서는 참으로 귀한 제자일 것입니다. 하지만 그 제자는 그 선생에게 어떤 의미에서는 실패의 열매입니다. 선생을 살리는 자가 아니라 선생을 죽이고, 공동체 식구도 죽이고 자신도 죽는 일을 하기 때문입니다. 단 한 번만이라도 정직하게 하나님 앞에 섰더라면 이러한 부끄러운 일을 하지 않았을 것입니다.

그리스도의 몸인 교회를 세우는 일에 있어서 교회가 해야 할 일은 진리의 말씀 앞에 정직한 질문과 정직한 답변을 하는 일입니다. 맹목적인 신앙은 교회를 어리석은 집단으로 만들어 버립니다. 말씀 앞에 진지하게 상고하는 일이 필요합니다. 믿음은 맹신을 말하지 않습니다. 믿음은 지식과 신뢰와 순종에 있습니다. 바른 지식이 없는 믿음은 거짓입니다. 회칠한 무덤과 같습니다. 그러므로 성경을 통하여 알려주신 가르침을 바르게 알고 있어야 합니다. 믿는 도리에 대하여 풍성하지 않으면 반드시 번영과 신비주의 신앙으로 변질되게 됩니다.

그리고 이러한 지식에 더하여 말씀에 대한 확고한 신뢰를 가져야 합니다. 신뢰가 없는 신앙은 구름을 잡는 것과 같습니다. 지식은 반드시 신뢰의 자리로 나갑니다. 말씀에 대한 신뢰가 있을 때 삶은 변화됩니다. 믿음은 바로 이러한 말씀에 대한 신뢰입니다. 그러나 믿음은 신뢰에서 머물지 않습니다. 신뢰는 고백과 순종의 삶으로 나타납니다. 순종이 없는 믿음은 살아있는 믿음이라 할 수 없습니다.

정직한 질문과 행동하는 신앙

프란시스 쉐퍼가 세운 라브리 공동체는 예수를 알지 못하는 많은 젊은이들이 와서 예수를 믿는 일들이 일어나기로 유명하였습니다. 도대체 라브리 공동체가 어떠한 일을 하였기에 무신론자가 변하여 예수를 영접하게 되었을까요? 그것은 바로 '정직한 질문에 대하여 정직한 답'을 얻기 때문입니다. 어떠한 문제에 대해서도 억압하거나 회피하거나 하지 않고 어떤 질문에도 창피를 주지 않았습니다. 그 질문이 정직하다면 답을 얻을 수 있다는 확신 때문입니다. 왜냐하면 모든 진리가 하나님의 진리이기 때문입니다.

정직한 질문을 던지는 것은 영적인 성숙에 지대한 영향을 줍니다. 그리고 건강한 교회를 세우게 합니다. 교회가 건강하지 못한 것은 정직한 답을 얻는 일이 부족하기 때문입니다. 정직한 답이 없는 세대의 특징은 크게 두 가지로 나타납니다. 하나는 '자신의 소견에 옳은 대로' 살아갑니다. 그리고 두 번째는 '맹목적 신앙으로' 살아갑니다. 참과 거짓에 대한 분별에 관심이 없습니다. 정의와 불의에 대한 구별에도 시큰둥합니다. 오직 자신의 삶에만 관심이 있습니다. 개인적인 평안과 부의 축적에만 온통 신경이 있으니 불의한 일에 대하여 무슨 말과 행동을 하겠습니까? 마틴 로이드 존스 목사는 "참된 신앙은 행동하는 것"이라 하였습니다. 행동이 없는 신앙은 살아있으나 실상은 죽은 것입니다.

7080시대에는 교회에서 성경 공부하는 것조차 싫어했습니다. 오직 성령만 강조했기 때문에 말씀보다는 방언에 집중하였습니다. 그래서 각종 부흥회가 판을 쳤습니다. 지식적 신앙은 지탄의 대상이었습니다. 진리를 진지하게 탐구하고자 하면 왕따를 당하는 시대였습니다. 오직 기도하고 목사의 말에 순종하는 것이 가장 큰 미덕이며 영적인 사람의 표본이었습니다. 이렇게 교회는 성도를 어리석게 만드는데 기여하였습니다. 결국 교회는 성장하였으며 덩치는 커졌지만 슬프게도 사람들의 발길질에 이리저리 차이는 신세가 되었습니다. 성령이 문제가 아니었습니다. 성경에 근거한 신앙이 아니었기 때문입니다. 번영 신앙은 잠깐은 행복을 주지만 오랫동안 고통에 시달려야 합니다. 그 열매가 지금 우리의 현실입니다.

교회가 다시 살아나고 건강하게 회복되는 길은 정직한 질문을 던지는 훈련을 하여야 하며, 정직한 답을 얻는 성도들로 충만해야 합니다. 성도들은 무엇보다 말씀을 사랑하고, 말씀을 배우고, 말씀 앞에 서야 합니다. 또한 목사들은 최선을 다하여 연구하고 말씀을 전해야 합니다. 온 동네방네 교회가 강해 설교를 할 수 있어야 합니다. 그리고 어떠한 질문에도 면박을 주지 않고 정직한 답을 주고자 노력해야 합니다. 그렇게 함께 자라날 때 교회는 회생합니다.

복음의 진리는 정직한 자에게 열려있습니다. 성령의 은혜는 말씀 앞에 진지하게 고백하는 자에게 충만하게 나타납니다. 더 이상 맹신적 신앙과 신비주의 신앙에 허덕이지 말고 분별력 있는 신앙, 균형 있는 신앙이 되어야 합니다. 이 길은 오직 성경의 신앙에서 시작합니다. 성경이 모든 질문의 시작이며, 성경이 모든 질문의 답입니다. 이것이 우리 교회가 살아나는 길입니다. 오직 성경이 무엇을 의미하는지는 이미 앞서서 밝혔습니다. 종교개혁의 선물인 오직 성경으로 돌아가는 것이 개혁을 완성해 가는 길입니다.

12

원스톱 교회에서
자발적 불편으로

"스마트한 시대에는 스마트한 교회가 필요하다."

대한민국은 초고속 인터넷 시장의 선두 주자입니다. 인터넷이
일상이 되어버린 시대입니다. 인터넷을 기반으로 세계 최강의 회
사로 발돋움한 회사들이 참으로 많습니다. 그렇게 세상은 변해 버
렸습니다. 인터넷의 속성과 우리 민족의 모습이 아주 닮아 있습니
다. 그것은 바로 '빠름'입니다. 빠르지 않고는 견딜 수 없는 습성이
인터넷 시장과 잘 맞아떨어졌습니다. 그래서 누가 더 빠르냐는 속
도 경쟁이 이만 저만이 아닙니다. 인터넷을 기반으로 하는 기기들
도 기능의 설명보다는 '빠름'에 대하여 경쟁하고 홍보합니다. 빠르
지 않고 살아날 수 없는 삶이 바로 스마트한 시대의 모습입니다.

스마트 폰의 등장은 우리의 모든 생활을 바꾸어 버렸습니다. 이전에 도저히 상상할 수 없는 일들이 현실이 되었습니다. 참으로 신기한 세상입니다. 앞으로 어떠한 발전이 있을지 상상할 수 없습니다. 그만큼 우리 시대는 엄청난 변화를 겪고 있습니다. 갈수록 새로운 세대들과의 격차는 점점 벌어질 것이고 인터넷 양극화는 엄청날 것입니다. 마침내 소통의 단절을 가져오는 불행을 맞이할지도 모릅니다. 그만큼 사는 방식과 생각하는 모습이 다르기 때문입니다. 청소년들의 문화를 이해하지 못하는 속도가 무섭도록 빨라지고 있습니다. 새로운 것을 이해하기 전에 또 다른 방식의 삶이 터져 나옵니다. 이것이 우리가 사는 현실입니다.

이렇게 정신 차리지 못할 정도로 변하는 세상에서 교회는 어떠한 모습을 가지고 있어야 하겠습니까? 마틴 로이드 존스 목사님의 책 가운데 "변하는 세상, 변하지 않는 복음"이 있습니다. 현 시대를 잘 보여주는 제목이라 생각합니다. 하지만 이 제목으로 우리 시대의 교회의 모습을 다 설명하기란 약간 부족한 것이 사실입니다. 변하는 세상 가운데 변하지 않는 복음을 전하는 것이 본질입니다. 이것은 누구도 부정하지 않습니다. 그런데 실제로 들어가면 변하는 세상을 따라 변해가는 교회와 그리스도인들의 모습을 볼 수 있습니다.

실리를 따르는 신앙

그 대표적인 모습이 '실리'를 따르는 신앙입니다. 자신에게 실제적 이익이 없으면 교회를 떠납니다. 그리고 이익을 가져다주는 교회를 찾아 유랑합니다. 단순히 생각하면 전혀 문제가 될 것이 없어 보입니다. 그런데 문제는 그 이익이 변하지 않는 복음이 아니라 변하는 세상에 걸 맞는 모습이라는 사실입니다.

청년들은 환경과 훈련 그리고 결혼이라는 중차대한 일을 위하여 교회를 찾습니다. 결혼 초년생들은 자신의 삶과 아이들의 교육을 위하여 교회를 선택합니다. 장년들은 편하게 신앙 생활하기 좋은 곳을 선택합니다. 교회는 이러한 성향을 잘 알기에 입맛에 맞는 교회를 만들어 갑니다. 어떤 교회는 특수 계층에 대한 전도를 집중적으로 하는 것을 봅니다. 간호사를 위한 집회, 교사를 위한 집회, 법률가를 위한 집회 등 보이는 현상을 정확하게 끄집어내어서 사람을 초청합니다. 그러니 조금이라도 불편한 것을 견디지 못합니다.

요즘은 커피가 대세를 이루는 세대입니다. 그중에서도 핸드 드립 커피가 상종가입니다. 믹스 커피를 먹는 이들이 점점 줄어들고 있습니다. 예전 같으면 믹스 커피 한 통을 사면 한 달이면 다 먹고 새로 사야 했습니다. 그런데 지금은 6개월도 먹을 수 있습니다. 이유는 핸드 드립 커피 때문입니다. 그래서 교회들 마다 커피 하우스를 만들고 교육도 합니다. 교회가 조금만 커도 카페 없는 교회가 없을 정도입니다. 그만큼 사람들은 자신의 건강과 편리함을 추구합니다. 그리고 급속도로 적응하고 있습니다. 그렇다고 핸드 드립 커피를 먹지 말자는 이야기가 아닙니다. 우리 시대의 변화를 잘 보여주는 현상임을 말하고자 함입니다.

또한 교회에 와이파이가 안 되는 교회가 거의 없습니다. 와이파이가 안되면 불편해 합니다. 그래서 웬만한 교회를 가면 대부분 와이파이가 쌩쌩하게 돌아갑니다. 교회에 오는 성도들의 손에 있는 스마트 폰이 쉴 날이 없습니다. 오히려 더욱 분주하게 손을 움직이는 것을 봅니다. 현대인들은 불편한 것을 견디지 못합니다. 거기에 현대인들은 건강과 자녀 교육에 대한 열망으로 더더욱 청결한 예배 처소를 원하고 있습니다.

편리함

이러한 모습을 잘 알고 대처를 잘 하는 교회들이 대세 교회로 등장합니다. 이른 바 '원스톱 교회'입니다. 교회만 오면 모든 것이 다 해결 됩니다. 얼마 전 안산에 있는 모 교회를 방문한 적이 있습니다. 그 교회는 온갖 편리 시설이 구비되어 있었습니다. 커피숍은 물론이고 농구장, 수영장, 그리고 사우나 시설까지 되어 있었습니다. 저도 그날 농구하고, 사우나를 체험하였습니다. 교회 안에 모든 것이 다 준비되어 있는 것입니다.

　말 그대로 '원스톱 서비스'였습니다. 한 번에 모든 것을 해결할 수 있는 교회입니다. 성도들이 얼마나 자부심이 있겠습니까? 자신들이 가진 편리함과 화려함을 자랑하느라 침이 마르지 않을 것입니다. 그리고 그것을 보는 사람들도 침을 흘릴 것입니다. 이렇게 모든 것이 편리해지고 있습니다. 편리함이 사라진 교회는 교회 자체도 함께 사라질 수 있다는 위기감을 느끼기에 충분합니다. 그래서 최근 교회를 개척하는 일부는 시작부터 교회를 화려하게 시작합니다. 오는 사람들이 편안할 수 있도록 모든 것을 맞춰줍니다. 이러한 모습은 우리 시대의 보편적 모습 같습니다. 미국 새들백 교회 릭 워렌 목사는 '교회의 성장은 헌신이 아니라 기술'이라고 하였습니다.[1] 스마트한 시대에 잘 맞는 이야기입니다.

　원스톱 교회를 추구하고 소망하는 이들이 많은 우리 시대 교회들은 참으로 힘든 여정을 걸어가고 있습니다. 편리를 추구하는 교회는 포기하지 말아야 할 것을 포기하는 실수를 범하고 말았습니다. 그것은 바로 인간의 비참함입니다. 우리가 얼마나 비참한 존재인지를 알려주지 않습니다. 오히려 긍정의 힘만 강조하고, 할 수

---

1)　"많은 시간을 기도하는 데만 할애하며 교회 성장을 바라는 목사들을 알고 있다. 나도 열심히 일하지만, 나와 새들백교회보다 더 많이 일하는 몇몇 교회도 알고 있다. 하지만 교회를 성장하게 하는 것은 헌신이 아니다. 잘 연마된 기술이 교회를 성장시킨다." 2014년 10월 9일 미국의 한 목회자 '익스포넨셜 컨퍼런스'(Exponential Conference)

있다는 구호를 외치고 있습니다. 그렇게 교회는 하나님의 구원이 별로 필요하지 않는 모임으로 전락하고 있습니다. 자신의 비참함에 대하여 통곡하지 않는데 그리스도의 십자가의 구원이 무슨 소용이 있겠습니까?

이제 강단에서 사람들의 귀를 간지럽게 하는 설교가 중심을 차지하고 있습니다. 죄와 죄 죽이기에 대한 간절함이 잘 보이지 않습니다(딤후 4:3-4). 오히려 힘든 세상에서 살다 온 성도들에게 평안을 주는 설교를 해야 한다고 말합니다. 그래서 죄를 지어도 지적하지 않습니다. 결국 이러한 모습은 교회를 멍들게 하고 마침내 죽음에 이르게 하고 있습니다.

자발적 불편[2]

교회가 다시 회생하려면 원스톱 교회가 아니라 자발적 불편을 기뻐해야 합니다. 불편하더라도 복음이 있기에 헌신하는 모습이 있어야 합니다. 교회의 외형은 기술로 성장할 수 있을지 모르지만 결코 사람을 회심시킬 수 없습니다. 자신들의 유익을 위하여 모인 성도들이 천국에서 만날 수 없다면 얼마나 비참한 일이겠습니까?

---

2) 자발적 불편에 대한 좀 더 자세한 내용은 졸저인 "기독교 세계관이 상실된 세상에서"[우리시대, 2014년]를 참조하기 바랍니다.

자발적 불편은 쉬운 일은 아닙니다. 그렇다고 어려운 것도 아닙니다. 아굴의 기도처럼 부하게도 마옵시고, 가난하게도 마옵시고 일용할 양식으로 만족할 수 있는 믿음입니다(잠 30:7-9). 일용할 양식으로 만족하고 나머지는 흘려보내는 삶을 산다면 하나님의 나라는 참으로 아름답게 가꾸어져 갈 것입니다.

목사가 자발적 불편을 살아낼 때 교회는 아름다워집니다. 성도들이 자발적 불편을 살아낼 때 전도의 문이 열립니다. 그리고 그토록 소망하는 하나님의 영광이 나타내게 됩니다. 교회가 편한 것을 추구하다가 복음이 세속화되는 것을 봅니다. 이것은 교회를 허무는 일입니다. 교회는 가난한 자와 불편한 자들을 위하여 최선을 다해야 합니다. 그러나 그것이 허세가 되어서는 안됩니다.

우리말에 "이왕이면 다홍치마"라는 말이 있습니다. 듣기에 좋은 말이지만 여기에는 함정이 있습니다. 성경이 말하는 자족함을 찾아볼 수 없기 때문입니다(빌 4:11-13). 자족함이 무너지면 경쟁과 허영이 주인 노릇합니다. 그리고 교만과 정욕이 드러납니다. 우리에게 필요한 것은 자족과 분별이 있는 삶입니다. 교회가 이러한 자세를 가져야 합니다. 편리함을 자랑하는 것이 아니라 자족함을 드러내는 교회가 되어야 합니다.

한국교회를 살리는 길은 멀리 있지 않습니다. 우리가 복음으로 살면 됩니다. 그 실천은 이 시대의 가르침과는 다른 자발적 불편입니다. 자발적 불편은 모든 영역에서 자족하는 삶으로 나타납니다. 그렇다고 이것이 게으름을 말하지 않습니다. 교회가 자발적 불편을 살아내고 자랑할 때 세상은 우리의 선함을 보고 하나님께 영광을 돌릴 것입니다. 그리고 구원받는 자가 더하여지는 영광을 보게 될 것입니다. 이것이 교회의 회생입니다.

13

막힘에서 흘러감으로

"고인 물은 썩는다"

썩은 물은 아무리 많아도 소용이 없습니다. 목이 갈한 사람에게는 한 방울의 물이 얼마나 소중한지 모릅니다. 그러나 썩은 물은 그러한 즐거움을 줄 수 없습니다. 썩은 물은 그림의 떡입니다. 아무리 화려해도 가치가 없습니다. 오히려 사람을 죽이는 독이 됩니다. 그러므로 물은 흘러야 합니다. 고인 물에서 어떠한 생명도 기대 할 수 없습니다. 많이 모여 있어도 폐만 끼칠 뿐입니다.

아무리 많은 물이 있어도 흐르지 않는다면 심장이 멈춘 것과 마찬가지입니다. 물은 흐를 때 제 몫을 감당합니다. 그리고 가장 아름답습니다. 흐르는 물에는 생명이 충만합니다. 고여 있는 물에서는 온갖 냄새만이 진동합니다. 차마 가까이 할 수 없습니다. 보기에 아무리 멋있어도 썩은 냄새가 진동하기 때문에 들어가지 않습니다. 그러나 흐르는 강은 권하지 않아도 첨벙 첨벙 들어갑니다. 서로가 오래된 친구처럼 만나고 기뻐하고 온통 난리를 피웁니다. 흐르는 것만이 누릴 수 있는 호사입니다. 그것은 작은 개울이든 큰 강물이든 동일합니다. 흐르고 있으면 사람이 모입니다.

지금 4대강 건설로 인하여 강들이 몸살을 앓고 있다는 보도가 연일 나오고 있습니다. 강 유역을 개발하고자 하는 의지는 가상하였으나 흘러야할 강을 막아 둔 것이 패착이었습니다. 결국 강도 죽이고 개발도 물거품이 되는 이중 고통을 안겨 주고 있습니다. 이것은 강만이 아닙니다. 우리의 삶도 비슷합니다. 순리를 거역하고 역리의 삶을 살아가면 엄청난 낭패를 당하게 되어 있습니다. 사실 우리시대의 가장 아픔인 세월호 참사도 이러한 순리를 거역하였기 때문에 일어난 일입니다. 그런데 대부분 이러한 역리의 삶에는 탐욕이 근원임을 알 수 있습니다. 탐심이 사악한 결과를 낳은 것을 봅니다. 탐욕을 끊을 때 우리는 정상적인 삶을 살 수 있습니다.

성경은 "욕심이 잉태한즉 죄를 낳고 죄가 장성한 즉 사망에 이른다"고 말합니다. 결국 탐심은 사망에 이르는 길입니다. 문제는 혼자 죽는 것이 아니라 무고한 이들을 죽음으로 이끌기도 한다는 것입니다. 너무나 끔찍한 결과를 낳습니다. 욕심을 버릴 때 모두가 함께 사는 행복을 맛볼 수 있습니다.

세상이 염려하는 교회

오늘날 한국교회를 향하여 세상이 염려를 합니다. 너무나 희한한 일들이 벌어지고 있습니다. 주객이 전도되어 있는 이 비참함을 지금 우리는 목도하며 살고 있습니다. 이러한 슬픈 일이 어떻게 벌어졌는지 우리는 잘 알고 있습니다. 그런데 멍하니 바라만 보고 있지 어떠한 처방도 내리지 않습니다. 진단은 하여도 처방을 내리지 않으니 눈앞에서 코가 베어져도 멍하니 바라볼 뿐입니다.

한국교회는 흐르지 않는 물이 되어버렸습니다. 그래서 온갖 곳에서 썩은 냄새가 진동하고 있습니다. 더 슬픈 것은 썩은 냄새에 익숙해져서 더 이상 썩은 냄새를 맡을 수 없는 상황이 되어 버렸다는 것입니다. 흐르지 않는 물에는 생명이 살 수 없습니다. 사람들이 모이지 않습니다. 아무리 멋있어도 슬그머니 빠져 나갑니다. 그것이 지금 한국교회의 실상입니다.

썩은 냄새를 없애려면 고인 물을 흘려보내야 합니다. 그러면 자연스럽게 냄새는 사라집니다. 그러나 고집스럽게 담고 있으면 서서히 냄새가 코를 찌르게 되고 마침내 냄새에 코가 마비되어서 돌이킬 수 없는 시궁창을 만들어 냅니다. 지하에서 교회를 해 본 이들은 곰팡이의 습격을 너무나 잘 알 것입니다. 여름이 되기가 무섭게 피는 곰팡이는 예배를 방해하는 일등공신입니다. 그래서 곰팡이를 잡기 위하여 많은 방법을 씁니다. 그러나 대부분 실패합니다. 성공할 수 있는 유일한 길은 공기를 흘려보내는 일입니다. 신선한 공기가 들어가면 곰팡이는 무력해집니다. 그것이 가장 좋고 확실한 방법입니다.

흐르지 않는 물이 되어서 썩은 냄새를 내고 있는 한국교회를 살리는 길은 썩은 물을 흘려보내면 됩니다. 너무나 단순한 일입니다. 그런데 이 단순함이 전혀 실천되지 않음이 문제입니다. 그렇다면 흘려보내는 것이 무엇입니까?

교회로 모이고, 교회로 흩어지고, 교회가 되자

우선 개별적으로 모든 성도는 "교회로 모이고, 교회로 흩어지고, 교회가 되는 일"에 최선을 다해야 합니다. 성도는 교회로 모이는 일에 열심을 내야 합니다. 하나님이 명령하신 한 날에 모여서 함께 예배하고 교제하고 훈련을 받는 일을 하여야 합니다. 그러나 이것은 교회로 흩어지기 위한 준비입니다. 우리가 교회로 모이는 것은 세상으로 흩어지기 위함입니다. 예수님은 우리를 향하여 세상에 살라고 하였습니다. 그리고 그 세상을 변화시키는 사명을 주셨습니다. 이것이 우리가 할 일입니다. 세상에서 그리스도인으로 사는 일이 성도의 본분입니다. 그리고 삶의 모든 영역에서 교회가 되어야 합니다. 즉 그리스도의 지체로서의 정체성을 분명하게 가져야 합니다. 성도 한 사람은 교회의 영광을 위한 가장 존귀한 자입니다. 그러므로 그리스도인답게 살아갈 때 우리는 교회가 됩니다. 이렇듯 성도는 교회로 모이고, 교회로 흩어지고, 교회가 되는 삶을 살아야 합니다.

그리고 두 번째로 교회는 개 교회 중심적 사역에서 지역 중심적 사역으로 흘러가야 합니다. 이것이 하나님 나라를 확장하는 교회의 모습입니다. 하나님께서 교회를 세우심은 믿음의 식구들을 살리고, 가난한 자들을 돌아보게 하기 위함이었습니다. 하지만 한국교회는 믿음의 식구들을 살리지도 못하고 교회 자체의 배만 불리는데 몰두했습니다. 그것도 교회 자체를 치장하는 일에 너무나 많은 시간과 재정을 투입하였습니다. (그렇다고 교회가 적당한 건물을 갖는 것을 부정하는 것은 아닙니다. 그러나 흘려보내는 사역을 멈추게 된다면 재고해야 합니다.) 그러니 이웃을 향하여 하나님의 사랑을 나누는 것이 매우 빈약하였습니다. 뿐만 아니라 전략도 지혜도 없었습니다. 결국 교회 덩치는 커 가는데 영향력은 반비례하는 아픔이 발생한 것입니다. 이것은 1, 2년의 문제가 아니라 한국교회의 오래된 고질병입니다. 1980년대 이후의 한국교회는 이러한 질병을 감당할 수 없을 만큼 키워왔습니다. 이제 와서야 한계에 부딪힘을 체감하고 있습니다. 한국교회가 살아나는 길은 지역을 향하여 하나님의 보이는 사랑을 흘려보내는 것입니다. 그것이 하나님의 영광을 회복하는 일입니다.

세 번째로 교회의 본질을 위하여 초대형 교회당을 짓는 일을 멈추어야 합니다. 6000명이 한꺼번에 들어가는 예배 처소를 짓는 것이 축복이라 생각하면 큰 낭패입니다. 오래전 신학생 시절 겪은 이야기입니다. 사역을 하고 있던 교회의 목사의 비전은 2만 명의 성도가 모이는 교회였습니다. 대단한 포부로 보였습니다. 그런데 그러한 비전이 별로 행복하게 들리지 않았습니다. 하나님의 비전이 사람 수에 있는 것이 아니기 때문입니다. 그런데 세월이 참 많이 지났는데도 여전히 2만 명 교회를 꿈꾸는 젊은 목회자들을 볼 수 있습니다. 2만 명을 목회하는 꿈을 이루기 위하여 신학을 포기하고, 온갖 잡동사니들을 모아서 집회를 하는 것을 볼 때 더 이상 말이 나오지 않았습니다.

성경은 삼위 하나님을 찬미하고 온 백성에서 칭송을 받으니 구원받는 자가 더하여진다(행 2:47)고 하였습니다. 구원 받는 자들이 더하여지는 것은 오직 바른 신앙고백 위에서 살아갈 때 가능합니다. 성령의 강권적인 역사가 있을 때 주어집니다. 그런데 이 모든 것을 인위적으로 하려고 하니 계속하여 문제가 생기는 것입니다. 더구나 교회 성장을 위하여 자신의 신학을 헌신짝처럼 버리는 모습을 보면 정말 추하다는 생각이 듭니다.

샛강을 살리자

한국교회는 그 숫자가 점점 줄어들고 있습니다. 강에 비유하자면 샛강이 죽어가고 있는 것과 마찬가지입니다. 그런데 당장 큰 강은 더 없이 잘 흐르고 있습니다. 그런데 얼마나 가겠습니까? 샛강이 죽으면 큰 강이 죽는 것은 시간문제입니다. 대형 교회의 일반적인 성장에는 작은 교회 성도들이 한 몫하고 있음을 다양한 통계를 통하여 알 수 있습니다. 더구나 청년들이 많은 교회들을 잘 살펴보시기 바랍니다. 작은 교회 청년들을 블랙홀처럼 빨아들이고 있습니다. 대형교회 스스로 이 문제를 냉철하게 보아야 합니다. 한 교회만 성장하는 것은 결코 선한 일이 아닙니다. 샛강을 살리는 일이 중요합니다.

이제 교회의 본질을 더 깊이 생각할 때입니다. 교회 건축에 대한 인식이 변해야 합니다. 대형 교회가 하는 사회적 일들은 많이 존재합니다. 그러나 성도와 목사가 서로 모르는 교회에 대하여 고민해야 합니다. 개인적으로는 최대 500명 정도(자녀 포함)가 한꺼번에 드리는 교회 규모가 가장 좋다고 생각합니다. 그리고 1-7부까지 드리는 이러한 예배 형태를 폐지하여야 합니다. 최대한 2부 예배 이상은 드리지 않아야 합니다. 그리고 규모에 넘치게 성도들이 온다면 교회를 분립하거나 세워서 흘려보내야 합니다. 물론 교회를 찾아오는 성도들이 갈급한 심령으로 와서 여기서 받아 주지 않으면 어디로 가야 하냐고 물을지 모릅니다. 그러한 말을 들으면 난감하고 마음이 아플 수 있습니다. 하지만 건강한 교회를 세우는 것이 너무나 필요하기 때문에 교회 분립을 해야 합니다. 물론 오늘의 관점에서 보면 이상적인 이야기일 수 있습니다. 하지만 교회가 교회답고, 성도가 성도다운 모습을 보고자 한다면 더 늦기 전에 이러한 일을 감당해야 합니다. 흘려보내지 않으면 교회가 썩은 냄새를 내는 것은 시간문제임을 기억해야 합니다.

지금 한국교회는 꽉 막혀있습니다. 세상과 소통하는 것 이전에 교회 안에서, 교회들 간에 소통하는 일도 되지 않고 있습니다. 그리스도의 몸을 세우는 거룩한 일에 썩은 냄새를 풍기는 일을 해야 되겠습니까? 막힌 곳을 뚫고 흘려보내야 합니다. 그리스도의 복음을 정직하게 흘려보낼 때 그리스도인의 몸인 교회가 건강하게 세움을 입을 것이며 하나님을 칭송하고, 온 백성에게 칭송받고 구원받는 자가 더하여지는 영광을 누릴 것입니다.

14

교인에서 식구로

"보는 바 그 형제를 사랑하지 아니하면 보지 못하는바 하나님을 사랑할 수 없느니라(요일 4:20)"

"보이는 바 형제는 누구냐 하면…그 교회의 식구입니다. 그러나 예배당에 모인 사람이 다 교회 식구냐 하면 그것은 아닙니다. 자기가 이 교회의 한 분자로 확신을 가지고 정성을 다해서 교회의 사명을 자기의 사명으로 알고 나아갈 때 비로소 식구가 되는 것이지 '나는 이 교회의 교적을 가지고 있다' 하는 정도로 식구가 되는 것은 아닙니다. 그것은 교적상으로 이 교회 교인이라는 증명을 받을 수 있을 정도이지 이 교회를 참으로 받들고 나아가는 식구라는 증거가 되는 것은 아닙니다 … 그리고 자기가 거룩한 교회의 지체

라는 확신을 가지고, 남에게 요구하는 것이 아니라 자기가 자꾸 주
는 사람이 교회의 식구입니다."

김홍전 목사님의 『요한 계시록(성약)』설교 가운데 한 대목입니
다. 건강한 교회의 표지 가운데 하나는 바로 '식구됨'에 있습니다.
식구가 되어 서로에게 진심으로 마음을 같이하고, 영적인 여정에
함께 동참하고 하나님의 교회를 세워 나가는 것이 건강한 교회의
모습입니다. "자기가 이 교회의 한 분자로 확신을 가지고 정성을
다해서 교회의 사명을 자기의 사명으로 알고 나아갈 때 비로소 식
구가 되는 것"이라는 말에 전적으로 동의합니다.

식구(가족) 공동체

교회는 단지 사람들이 자신들의 친목과 유익을 위하여 모이는
곳이 아닙니다. 그렇게 되면 교회는 종교를 가장한 이익 집단에 불
과합니다. 필요에 따라 예배하고 봉사한다면 결코 건강한 교회라
고 할 수 없습니다. 그러한 모임에서 성경이 강조하는 사랑을 볼
수 없습니다. 교회는 가족들의 모임입니다. 한 아버지를 모시고 사
는 식구입니다. 함께 영의 양식을 먹는 가족입니다. 서로에 대하여
잘 알고 있기에 무엇이든지 합력하여 선을 이루어 가려고 힘을 씁
니다.

교회가 가족이며 모두가 한 식구라는 인식이 교회를 교회답게 만드는 일입니다. 이것이 무디어지면 교회는 그 정체성을 잊어버리게 되고 사람의 모임으로 전락하고 맙니다. 커피 먹을 장소가 필요해서 교회를 하지 않습니다. 책 볼 장소가 부족해서 교회를 세우지 않습니다. 교회는 그러한 모임이 아닙니다. 교회는 하나님의 사랑을 눈으로 보여주는 실체입니다.

그런데 오늘날 교회의 모습에서 식구의 의미가 퇴색되고 있습니다. 이것은 작은 교회이든 큰 교회이든 대동소이합니다. 교회가 가지고 있는 놀라운 특징인 식구됨이 사라진다면 그 모임은 더 이상 교회로 존재하기가 힘들어 집니다. 교회들은 식구됨을 소중하게 여기기보다는 점점 커지기만을 소망하고 있습니다. 중형교회 이상만 되어도 식구들 간에 서로 알지 못합니다. 한 집에 사는데 그 사람이 형제인지, 남인지 알지 못하는 우스운 일이 일어납니다. 오직 자신이 관계된 공간 안에서만 소통할 뿐입니다.

또한 목사도 교인을 알지 못하는 우스운 일이 일어납니다. 대형 교회는 그 정도가 더 심합니다. 보통 1-5부 정도 드리는 교회들은 예배가 교체되는 시간은 나가는 이와 들어가는 이가 뒤섞여 시장 바닥을 방불하게 합니다. 주일에 예배 구경하고, 찬양 콘서트 보고 돌아가는 형국이 됩니다. 그래도 체면 문화가 강한 민족이기에 큰 교회 다니는 자부심으로 이런 문제들은 불편하게 여기지 않습니다.

망하는 징조

문제는 불편한지 편안한지가 아니라 건강한 교회인지 아닌지가 더 중요하다는 것입니다. 교회에 속한 지체들이 식구가 되지 않으면 교회도 세상처럼 돈과 시스템에 의하여 돌아갑니다. 아마 우리 집안이 그렇게 돌아간다면 다 미쳐 버리고 말 것입니다. 그런데 교회는 그렇게 돌아가고 있습니다. 그래도 미치지 않습니다. 왜냐하면 식구가 아니라 단지 교인으로 다니기 때문입니다.

교회가 교인으로 북적거리면 곧 망하는 징조입니다. 서로에게 책임을 지지 않고 사랑의 책무도 감당하지 않고 자신의 감정과 의지대로 살아간다면 교회는 아래로부터 무너지고 있음을 알아야 합니다. "목자는 양을 알고 양은 목자를 안다"고 하였습니다. 너무나 단순한 가르침입니다. 그런데 이것이 작동하지 않고 있습니다. 양이 목자를 모릅니다. 더 무서운 것은 목자가 양을 잘 모릅니다. 그렇기에 서로를 위해 기도하지 않습니다. 잘 살고 있다고 믿고 있는데 무슨 기도를 하겠습니까? 그렇게 잘 먹고 잘 살다가 슬피 울며 이를 갈게 됩니다.

교인이 아니라 가족(식구)이라는 의미?

우리는 교회로 모일 때 교인으로 모이는 것이 아니라 흩어진 가족이 모이는 것입니다. 영적인 가족으로 모여서 예배합니다. 영적인 가족이 되는 조건은 친한 관계가 아닙니다. 서로 소통하는 관계라는 것도 아닙니다. 기도를 나누는 관계라는 것도 아닙니다. 교회에서 멀리 사느냐 가까이 사느냐가 가족의 의미를 말하지 않습니다. 물론 교회 가까이 있는 것이 좋습니다. 그러나 그것은 가족의 삶이지 가족이 되는 조건이 아닙니다. 이것을 바르게 이해하지 못하면 엉뚱한 생각을 하게 됩니다. 교인이 아니라 가족이 된다는 의미를 바르게 알아야 합니다. 그래야 영적인 기쁨을 누릴 수 있으며, 하늘의 복을 누릴 수 있습니다. 교인으로 살면서 천국에 들어 갈 수 있다는 생각은 불가능합니다. 정말 죄송하지만 주님의 얼굴을 볼 수 없습니다. 주님은 말씀하시기를 주여 주여 부른다고 다 천국에 들어 갈 것이 아니라고 하였습니다.

가족이 되어야 천국에 들어갑니다. 그렇다면 이것이 무엇인지 물을 것입니다. 그리스도인이 영적인 가족이 된다는 것은 그리스도의 지체가 되었다는 의미입니다. 그리스도의 지체가 되었다는 것은 거듭났다는 의미입니다. 거듭났다는 것은 주의 성찬에 참여하게 되었다는 의미입니다. 교회의 가족은 우리가 회심하고 거듭난 백성으로 주의 지체로서 성찬에 함께 참여하였다는 의미입니다. 그리고 주님이 제정하신 질서에 순종하는 일입니다. 이것이 영적으로 가족이라는 의미입니다.

그러므로 나는 가족이 아니라는 의미는 그리스도의 지체가 아니라는 의미이며, 아직 회심하지 않았다는 말이 됩니다. 함께 예배하고 성찬에 참여하였다면 이미 가족입니다. 그런데 많은 사람들이 이 가족됨을 모르니까 혼돈하며 살아갑니다. 나는 아직 가족이 아니라고 말하는 것은 영적으로 매우 잘못된 생각입니다. 가족이 아니면 성찬에 어떻게 참여하겠습니까? 성찬에 참여하는 자로서 우리는 가족입니다. 그리고 가족이라면 가족으로서의 책임을 감당하는 일입니다. 그것은 각자의 믿음의 분량에 따라 이루어집니다.

그래서 교인이 아니라 가족임을 강조하는 것입니다. 가족이 무엇인지 알아야 가족으로 사는 것이 어떤 것인지 배울 수 있습니다. 가족 안에는 여러 가지 갈등이 있을 수 있습니다. 그러나 가족은 해체 되지 않습니다. 가족은 헤어질 수 있지만 해체되지 않습니다. 서로 떨어져 살 수 있지만 사라지지 않습니다. 이민 간다고 가족이 끝나는 것입니까? 그렇지 않습니다. 여전히 가족입니다. 거듭났기에 가족입니다.

하나님께서 가족으로 살 수 있도록 불러 주셨습니다. 그러면 함께 사는 것을 배워야 합니다. 가족은 함께 짐을 지는 관계지 누구에게 짐을 떠넘기지 않습니다. 이것이 건강한 가족입니다. 분가한 자녀들도 부모에게 문제가 생기면 다 모입니다. 가족을 유지하기 위해서입니다.

영적인 가족인 교회도 비슷합니다. 얼마든지 분가 할 수 있습니다. 그러나 건강하게 분가해야 합니다. 그것이 성숙한 교회입니다. 그러나 항상 아름다워야 합니다. 아름답지 않으면 사단이 기뻐합니다. 우리가 할 일은 하나님을 기쁘게 하는 것입니다. 하나님을 영화롭게 하는 것이 사람의 제일 되는 목적이기 때문입니다. 항상 기억해야 합니다. 가족으로 모입니다. 가족이기에 예배하고, 가족이기에 성찬에 참여합니다.

이렇듯 교회는 영적인 가족들의 모임입니다. 그렇다고 저절로 가족 간의 우애가 깊어지는 것은 아닙니다. 여기에는 많은 시간과 인내와 사랑과 헌신이 필요합니다. 식구로 사는 훈련이 필요합니다.

식구로 살기

아이가 태어나면 모두 기쁘고 행복합니다. 하지만 이 아이가 그 가정의 온전한 식구가 되기 위해서는 많은 시간이 필요합니다. 지금은 서로의 숨소리와 냄새만 맡습니다. 눈도 맞추지 못합니다. 육적 관계만 형성 되었지 인격적 관계는 아닙니다. 이러한 상황에서 멈춘다면 아무 의미가 없습니다. 그래서 온전한 가족이 되기 위해서 부단히 노력해야 합니다. 밥도 주고, 노래도 해주고, 성경도 읽어주고, 눈도 맞추고, 옷도 입혀주고, 기저귀도 갈아줍니다. 아프면 병원도 데려갑니다. 밤낮 최선을 다하여 관계를 맺습니다. 그렇게 해도 엄마, 아빠 말을 듣기에 1-2년이 걸립니다. 인격적 관계를 맺기 까지는 그만큼의 시간이 걸립니다. 그런데 이때 부모는 거짓 없이 자녀를 사랑하고 최선을 다하지만 아이는 그 헌신을 모른다는 사실입니다. 그래서 가끔씩 부모가 해준 것이 무엇이 있냐는 사춘기 자녀의 말에 억장이 무너지기도 합니다.

그렇게 지극 정성을 다하여 키우고 학교를 보냅니다. 그러면 이제 부모의 말보다 선생님의 말에 더 신임을 갖습니다. 때때로 새로운 것을 배웠다고 부모를 가볍게 대하기도 합니다. 혹시라도 부모가 실수를 하기라도 하면 무시당하는 것은 한 순간입니다. 또한 사춘기가 오면 부모는 정신이 없어집니다. 때로 자녀들이 가출을 실행하기도 하고, 가슴을 철렁 내려앉게 하는 일도 합니다. 사춘기 때 부모는 오직 침묵모드로 보냅니다. 빨리 사춘기가 지나도록 기도하고 조심합니다. 그리고 무사히 사춘기를 지나면 한숨을 돌립니다.

이때쯤 되면 비로소 인격적인 대화가 깊어집니다. 삶의 문제를 같이 생각하고, 함께 기도하고 눈물을 흘립니다. 가족이 된다는 것이 쉽지가 않습니다. 얼마나 많은 노력과 시간이 필요한지 모릅니다. 서로 노력하지 않으면 가족이 되는 것은 어렵습니다. 그래서 건강한 가족은 추억이 많습니다. 울고 웃었던 시간들이 많습니다. 이렇게 되면 서로의 마음을 열어놓고 서로 이해해 줍니다. 아이였을 때 해주지 못한 말을 비로소 말하고 반대로 부모가 자녀에게 도움을 요청하기도 합니다. 그렇게 보내는 것이 20여년이 됩니다.

그것도 바르게 자랐을 때의 일입니다.

　삶의 문제를 나누는 시간이 가까이 왔음을 알고 기뻐할 때 쯤 되면 자식은 독립하고자 합니다. 그리고 결혼할 이성을 소개하고 부모의 품을 떠날 준비를 합니다. 독립된 가족은 동일한 방식으로 식구를 만들어 갑니다. 인류의 역사는 이렇게 흘러왔습니다. 그리고 앞으로도 동일하게 흘러갈 것입니다. 이것이 하나님의 뜻이기 때문입니다. 식구로 산다는 것이 이렇습니다.

　이렇듯 영적인 식구로 사는 것도 동일합니다. 기나긴 시간을 함께 웃고 울어야 합니다. 그리고 서로에 대하여 열심을 다하여야 합니다. 영적인 가족이 되는 과정도 눈 맞추기부터 시작합니다. 일방적인 사랑을 받습니다. 그리고 사춘기 시절을 보냅니다. 오해도 하고 쓴 뿌리가 생기기도 합니다. 그래서 가출도 합니다. 편안하게 지내지 않습니다. 고통의 시간을 반드시 통과합니다. 그렇게 자라면 이제 사랑을 받는 것이 아니라 나누는 자리에 이르게 됩니다. 성숙한 신앙은 한 순간에 이루어지지 않습니다. 자라납니다. 그리스도의 장성한 분량에 이르기까지 자라납니다. 비로소 인격적인 나눔이 가능한 가족의 일원이 됩니다.

　인격적 나눔은 일생을 뒹굴어야 합니다. 그래서 한 세대가 지나가면 영적인 신뢰가 쌓이고 다음 세대가 그 사랑을 이어받습니다. 물론 이 모든 것이 순리적으로 자연스럽게 이어지지 않습니다. 사단의 온갖 시험이 지속됩니다. 그래서 눈물이 마를 날이 없습니다. 하지만 가족은 단단하게 묶여지고 하나가 되어갑니다.

식구로 살기는 매우 작은 것에서 시작합니다. 그리고 인격적 관계를 맺습니다. 그리고 때가 되면 독립하기도 합니다. 우리가 모여 교회를 세우는 것은 바로 이러한 영적 가족됨을 만들기 위함입니다. 매우 이상적인 생각으로 들릴 수 있습니다. 그러나 포기하지 않습니다. 이 땅에서 지역 교회로 가족이 되지만 영원한 나라에서 우주적 교회의 가족으로 살 것입니다. 우리는 지금 이곳에서 식구로 사는 연습하고 있습니다. 부족하더라도 식구가 됨을 기뻐하고, 만들어 가야 합니다. 지상의 교회는 늘 불완전합니다. 하지만 완전을 향하여 포기하지 않습니다. 그것이 바로 그리스도의 몸인 교회입니다.

식구됨(가족)의 회복

교회의 회복은 바로 가족됨에 있습니다. 교회의 교인이 아니라 식구가 되어야 합니다. 식구가 하나님의 뜻입니다. 그런 의미에서 식구로서의 가치를 향유할 수 있는 구조로 분립되어야 합니다. 이 말은 가족의 모습을 만끽할 수 있는 정도의 크기가 되어야 합니다. 식구는 서로 알고 있는 관계라는 의미합니다. 부모와 지식이 서로 알지 못하는 것은 식구라고 말하지 않습니다. 교회가 영적 식구라는 의미에는 이러한 인격적 관계의 테두리를 포함합니다. 그런 의미에서 이 땅의 교회는 식구에 걸맞은 모습을 갖추고 있을 때 건강을 유지할 수 있습니다. 그렇다면 불안전한 지상의 교회가 건강한 교회로 자리 매김하기 위하여 결단해야 할 일은 무엇이겠습니까?

우선 교회들은 천 명 이상의 사람들이 들어 갈 수 있는 건물을 아예 짓지 말아야 합니다. 그리고 1,2부 예배 이상은 폐지해야 합니다. 그리고 교회마다 대형 버스를 돌리는 행위도 그만 두어야 합니다. 교회는 성도들이 자발적으로 예배에 참여할 수 있도록 해야 합니다. 그때 가족인지 교인인지가 드러납니다. 알곡과 가라지는 하나님이 판단하지만 가족인지 교인인지는 우리가 분별할 수 있습니다.

그리고 지교회라는 말로 화상 예배를 드리는 일들도 멈춰야 합니다. 이런 일이 있으니까 목사가 죽었는데도 영상 예배를 드리러 교회로 모이는 교인들이 생기는 것입니다. 아마도 자기 부모님 목소리를 죽은 뒤에도 계속 듣고 있다면 사람들은 다 미쳤다고 할 것입니다. 그런데 이러한 일이 교회 가운데 일어나고 있습니다. 이 모두가 교회가 교인들의 집합소가 되었기 때문입니다. 자신들의 유익을 위하여 모이는 집단은 교회로서의 기능을 상실한 것입니다. 또한 참된 의미에서의 지역교회 역할을 감당합니다.

교회는 살아있는 식구들이 모여서 함께 삶을 나누고, 누리고 섬기는 가족입니다. 많은 교회들이 이 사실을 알고서 가정 교회라는 말로 문제를 해결하고자 합니다. 이것은 지금 교회들이 얼마나 문제가 많은지를 보여주는 장면입니다. 물론 하나님께서 사람을 보내주시는 것에 대하여 우리가 막을 수 있는 권한이 있느냐고 말할 수 있습니다. 틀린 말은 아닙니다. 그러나 우리가 하나님의 뜻을 왜곡하여 무한정 교회당을 크게 짓고. 1, 2, 3부 등 예배 숫자를 늘리는 것은 합당한 것이 아닙니다.

교회가 예배당의 크기와 예배 순서 등을 교정하는 일이 필요합니다. 그럼에도 성도들이 몰려오면 분립할 수 있어야 합니다. 이런 것들을 교회의 정신으로 정해 놓는다면 교회는 가족의 가치를 유지할 수 있을 것이고, 교인으로만 있고 싶어 하는 이들을 식구로 맞이할 수 있습니다. 사람들이 교회를 등지는 것은 교회가 가족의 역할을 못하고 이익 집단의 모습으로 변질되어 가고 있기 때문입니다.

교회의 회복은 바로 교회의 모습에 있습니다. 교회가 가족의 가치를 회복해야 합니다. 교인으로 모이는 곳이 아닌 식구로 모일 수 있어야 합니다. 이것이 교회를 살리는 길이고, 건강하게 만드는 일입니다. 교회를 살리고 싶다면 가족의 가치를 유지하는 교회를 만들어 가야 합니다.

교회의 아름다움은 다른 것에 있지 않고 식구됨에 있습니다. 그리고 식구를 향한 사랑에서 시작합니다. 식구를 사랑하는 것은 바로 아버지인 하나님을 사랑하는 일입니다.

15

분리예배에서
통합예배로

'2014 세계 인구현황보고서'에는 우리나라의 심각한 저출산 현상이 나타나 있습니다. 보고서의 자세한 내용을 보면 우리나라의 여성 1명이 평생 낳을 수 있는 평균 자녀수인 합계 출산율(2010～2015년)은 지난해와 동일한 1.3명이었지만 마카오, 홍콩(각 1.1명)을 이어 세계에서 세 번째로 낮았습니다. 아이가 사라지는 나라를 상상한다는 것은 참으로 끔찍한 일입니다. 그러나 현실은 참담합니다. 저출산의 문제는 다양한 문제를 야기합니다. 그 가운데 하나는 국가의 미래가 없다는 사실입니다. 국토와 주권이 있으면 무엇 합니까? 국민이 없다면 빛 좋은 개살구에 불과합니다. 그런데 우리는 저출산과 함께 고령 사회를 맞이하고 있습니다. 출산이 없는 고령 사회는 시한폭탄입니다.

고령 사회

UN에서 정한 기준으로 볼 때 '노인'이란 65세 이상을 말하며 UN의 기준에 따르면 고령화 사회는 65세 이상 인구가 총인구를 차지하는 비율이 7% 이상일 때입니다. 또한 고령사회는 65세 이상 인구가 총인구를 차지하는 비율이 14% 이상입니다. 그리고 초고령 사회는 65세 이상 인구가 총인구를 차지하는 비율이 20% 이상입니다. 대부분의 서구 선진국들은 20세기 초를 전후해 고령화 사회로 진입했고 이웃 나라인 일본의 경우는 94년에 고령사회로 진입했습니다.

우리나라는 2000년에 노인인구가 전체인구의 7%로 이미 '고령화 사회'에 진입했으며, 2020년경에는 노인인구비율이 14.4%에 달해 고령 사회로, 2026년경엔 20%를 넘어 초고령사회에 도달할 것으로 예상되고 있습니다.

저출산과 함께 고령 사회로 들어가면 국가적 위기는 피부로 다가올 것입니다. 지금 단 한 번도 손을 대지 않았던 연금을 개혁하는 이유도 저출산과 함께 다가온 고령사회에 대비하고자 함입니다.

이러한 모습은 결코 남의 집 이야기가 아닙니다. 바로 우리가 곧 직면하게 될 현실입니다. 특히 교회의 입장을 생각하면 엄청난 위기가 아닐 수 없습니다. 그러니 2050년에는 주일학교의 90%가

없어진다는 진단이 나오기도 합니다. 교회 역시 저출산과 고령 사회를 잘 준비해야 합니다. 지금 당장 큰 피해가 없다고 손 놓고 기다리다가는 감당할 수 없는 상황에서 지리멸렬할 수 있습니다.

90%가 믿는 가정

청년 집회나 선교단체 강의를 가면 꼭 물어 보는 것이 있습니다. 믿는 가정에서 자란 청년들과 믿지 않는 가정에서 신앙 생활하는 청년들의 숫자입니다. 그런데 10여년 전부터 지속적으로 나타난 현상은 믿지 않는 가정의 청년들이 계속하여 줄어들고 있다는 사실입니다. 가장 최근에 한 교회 청년부 설교를 하였습니다. 한 20여명이 모인 자리였습니다. 동일한 질문을 하였는데 놀랍게도 믿지 않는 가정에서 신앙생활을 하는 친구가 2명이었습니다. 90%가 믿는 가정이었습니다. 이것은 대학 선교단체의 모습에서 더 극명하게 볼 수 있습니다. 선교단체에 가입하는 학생들이 미미합니다. 그리고 미미하게 가입한 학생들 대다수가 이미 교회를 다니고 있는 학생들이며, 믿는 가정의 자녀라는 사실입니다. 그래서 학생 선교 단체가 아니라 학생 위탁 단체가 되어가고 있다는 자조 섞인 말도 있습니다. 그만큼 전도가 어렵다는 말입니다. 한 종합대학의 어떤 선교단체는 총 인원이 2명인 것도 보았습니다. 상상할 수 없는 현실이 우리의 눈앞에 다가오고 있습니다. 이러한 모습은 가속

되면 되었지 멈추지 않을 것입니다.

새로운 준비

저출산, 초고령화 사회 속에 전도의 문은 점점 좁아질 것입니다. 교회들 역시 자연스럽게 줄어들 것입니다. 부정할 수 없는 현실입니다. 이러한 상황가운데 교회가 비바람을 이기고 건강하게 세워지기 위하여 준비해야 할 것이 무엇이겠습니까? 그 일을 위하여 아주 근원적인 것으로 '거룩한 씨로 번성하는 일'을 해야 합니다. 적어도 그리스도인들은 세 명 이상의 자녀를 낳으려고 하는 자세를 가져야 합니다. 그리고 교회는 이들을 위하여 격려와 도움을 주어야 합니다.

시대의 위기 앞에 무릎을 꿇지 않는 것이 그리스도인의 삶입니다. 시대를 살아가면서 시대를 이기는 것이 그리스도인의 모습입니다. 우리 시대는 하나님의 말씀에 역행하기를 종용합니다. 이 때에 우리는 더더욱 하나님의 명령에 순종하여야 합니다. 땅에 충만하여 번성하는 일이 하나님 나라를 완성하는 시작입니다. 교회는 이 일에 최선을 다해야 합니다. 교회를 살리는 일이기 때문입니다. 동시에 교회는 자녀를 낳는 가정과 젊은 부부들을 위하여 많은 배려와 나눔이 있어야 합니다. 어쩌면 이것이 다음 세대의 선교라고 할 수 있습니다. 낳는 것으로 끝나지 않고 아이가 건강하게 자랄 수 있도록 공동체적 노력이 필요합니다. 하나님은 말씀하신대로 젊은 자의 자녀는 장군의 수중에 있는 무기와 같이 능력이 되고 힘이 됩니다. 그 자녀가 가정을 세우고 국가를 지키며 교회를 만들어 갑니다.

그러나 이러한 모습으로 교회의 위기를 극복할 수 없습니다. 하나님이 주신 자녀들이 영적인 유산을 잘 이어가고 교회를 위한 책임질 일꾼으로 성장하기 위하여 교회가 반드시 감당해야 할 일이 있습니다. 그것을 지금부터 준비해야 합니다.

통합예배

그렇다면 무엇을 준비해야 하겠습니까? 앞으로 다가오는 시대를 위하여 새로운 변화를 가지고 준비할 것은 바로 '예배 형태의 변화'입니다. 지금까지 교회는 각 부서가 분리된 채 드렸습니다. 영아부, 유치부, 주일학교, 중고등부, 청년부가 별도로 예배를 드렸습니다. 그러나 앞으로는 이러한 모습을 보기가 어려울 것입니다. 그렇다면 어떻게 해야 합니까? 바로 '통합예배'입니다.

'통합예배'는 전 세대가 함께 예배하는 것입니다. 부서별로 따로 드리지 않습니다. 이것은 개신교의 본래적 예배 모습입니다. 그동안 실용주의 교육철학의 영향으로 예배의 분리가 있었습니다. 그리고 어느 정도 효과가 있는 것처럼 보였습니다. 하지만 결과는 불만족입니다. 우선 가족 간의 영적인 유대 관계가 깨어졌습니다. 따로 들은 설교를 함께 나눌 수 있는 공통점이 사라졌습니다. 그리고 자녀들의 예배 모습을 알 수 없고, 부모들의 영적인 아름다움을 자녀들이 볼 수 없습니다. 또한 교회 공동체의 하나됨도 발견할 수 없습니다. 성례식이 진행되는 모습을 아이들이 보고 자라지 못합니다. 아이들도 교회의 회원임에도 불구하고 철저하게 배제 되었습니다. 그러나 '통합예배'로 드리면 교회의 하나됨을 누리게 됩니다.

사실 '분리예배'의 장점은 편리성입니다. 장년들의 편안한 예배 외에는 장점이 별로 없습니다. 교회의 아름다움을 알 수 없습니다. 교회의 참된 모습을 '분리예배'에서 볼 수 없습니다. 가장 심각한 것은 영적인 유대성이 완전히 상실된다는 것입니다. 이것은 교회의 생명을 죽이는 일입니다. 그 일이 지금까지 진행되어 왔습니다. '분리예배'는 대형교회를 만들게 하였고, 온갖 건물을 짓게 하였습니다. 나오면 안 될 것들이 나와서 교회를 혼란케 하였습니다. 하지만 이제 그 생명이 끝나고 있습니다.

교회를 살리고 건강성을 회복하고 교회됨을 유지하기 위하여 '통합예배'로 돌아가야 합니다. 통합예배의 장점은 많습니다. 우선 대형교회를 지향하지 않습니다. 가족중심의 교회를 세우는데 중요한 역할을 합니다. 그리고 온 가족이 함께 예배함으로 영적인 분위기를 만들어 갈 수 있습니다. 가족 간의 영적인 상태를 알 수 있습니다. 부모들의 예배 모습과 자녀들의 모습을 알 수 있습니다. 이것은 서로에게 큰 도움이 됩니다. 특히 '가정예배'를 드리는 데 있어서 매우 좋습니다. 그리고 교회의 하나됨에 있어서 이처럼 좋은 것이 없습니다. 온 성도가 함께 예배하고 성례식에 참여하는 것은 성도의 본질됨을 찾는 일입니다. 더구나 함께 말씀을 들었기에 함께 삶을 나눌 수 있습니다.

물론 이 일은 쉽지 않습니다. 오랜 시간 단절되어 예배 드렸기에 아이들의 울음소리와 장난에 상당 부분 힘들어 할 것입니다. 경험상 이 일은 매우 힘듭니다. 하지만 조금만 서로 인내하고 지혜를 나누면 풍성한 예배를 경험합니다.

통합예배의 실제[1]

통합예배를 할 때 많은 분들이 고민한 것 가운데 하나가 아이들 교육에 대한 부분입니다. 예배는 함께 드리면 되는데 교육은 어떻게 해야 하느냐가 고민이라 말합니다. 예배만 드리면 모든 것이 해결 되는 것이 아니기 때문입니다. 또한 통합예배를 드리기 위하여 교역자가 많이 필요하다는 오해도 있습니다. 그래서 생각은 하지만 실천이 어렵다고 말합니다. 그러나 이러한 근심과 오해를 버

---

1) 빛과소금 교회의 통합예배의 실제모습입니다.

려야합니다. 물론 통합예배를 드리는 것은 말처럼 간단한 문제
는 아닙니다. 사실 5세까지의 아이들이 예배를 드린다는 것은 쉽
지 않습니다. 그래서 5세까지 부모의 지혜와 성도들의 인내 그리
고 목회자의 마음이 중요합니다. 사실 5세 이하의 아이들을 위하
여 자모실이 필요한 것은 사실입니다. 어쩌면 이 부분이 작은 규모
의 교회가 걱정하는 요인이 될 수 있겠지만 없더라도 방향이 옳다
면 지혜와 인내를 가지고 감당해야 합니다.

우선 교육의 문제부터 살펴보겠습니다. 통합예배는 교육에 있
어서 실제적인 강점을 가집니다. 한 교회의 실제적인 사례를 통하
여 나누고자 합니다. 통합예배를 드리는 교회가 여러 번의 실패를
통하여 정착한 과정입니다. 물론 앞으로도 가야 할 길이 많이 남아
있지만 어느 정도 도움이 될 것입니다.

첫째 토요 교리공부입니다. 주일학교와 중고등부는 토요일에
모여서 1시간에서 2시간 정도의 토요모임을 갖습니다. 이 때 다양
한 나눔과 교제가 주어집니다. 교리공부만이 아니라 실제적인 활
동도 있습니다. 요리대회, 운동, 탐방등. 공동체를 건강하게 세우
는 활동도 함께합니다.

주일 오전에는 교단 계단공과와 묵상 나눔이 있습니다. 예배
전에 모여서 교단 계단 공과를 중심으로 성경공부와 묵상을 점검
합니다. 그리고 예배를 드리고 예배 후에 각 교육부서는 흩어져 식
사와 함께 설교 나눔을 합니다. 이렇게 토요일부터 시작된 교육은

가정예배에서 주일 말씀 나눔으로 마무리합니다. 이때 부모가 믿지 않는 아이들을 위하여 SNS를 이용하여 성경쓰기를 합니다. 이렇게 하여 교육적인 측면을 감당합니다.

　두 번째 통합예배는 교역자의 수와 큰 관계가 없습니다. 교역자가 있으면 분명 장점이 많습니다. 그러나 교역자를 둘 수 없는 상황이라도 아이들의 교육은 큰 문제가 되지 않습니다. 아이들의 교육을 위하여 교회 직분자들이 충분히 감당할 수 있기 때문입니다. 직분자들이 교리에 대하여 교육을 잘 받는다면 주일학교나 중고등부를 인도하는 일에 큰 어려움이 없습니다. 더구나 직분자들에게 교리를 가르치는 것은 그 자체로 건강한 교회를 만드는 일이 됩니다. 이렇게 교리 교육을 받은 직분자들이 아이들의 교리교육과 성경공부를 지도합니다. 직분자들이 설교를 하는 것이 아니기에 충분합니다.

　세 번째 통합예배를 위하여 교회는 일관성 있는 교육 프로그램이 필요합니다. 통합예배를 드리는 교회의 실제 교육과정입니다. 우선 공통 과정은 교단의 계단 공과입니다. 모든 부서는 기본적으로 계단 공과를 공부합니다. 그리고 학년에 맞게끔 교리를 공부를 합니다. 영아. 유치부는 교단 공과를 통하여 성경공부만 하고 교리공부는 하지 않습니다. 유년부는 어린이를 위한 교리문답 77(싱클레어퍼거슨 저, 우리시대), 초등부는 웨스턴 민스터 소요리문답, 중고등부는 하이델베르그 요리문답을 공부합니다. 물론

유·초등부는 유연하게 진행합니다. 그리고 이러한 과정은 청·장년부에서 다시 한 번 복습하고, 웨스터민스터 신앙고백서를 공부합니다. 이렇게 되면 통합예배를 드리는데 있어서 부족한 부분들이 어느 정도 해결 됩니다. 물론 교회의 다양한 상황에 따라 다르게 할 수 있습니다. 그러나 교육 때문에 통합예배를 드릴 수 없는 것은 아니라는 사실입니다. 통합예배는 교회의 유산입니다. 그리고 시대적 요청이기도 합니다. 온 가족이 함께 예배하고, 함께 나눌 때 교회와 가정이 건강하게 세워질 수 있습니다.

특별히 '통합예배'는 '가정예배'를 풍성하게 하는 역할을 합니다. 같은 말씀을 듣고 나누는 그 시간을 생각해 보시기 바랍니다.

가정예배는 가정을 세우고 교회를 세우는 젖줄과 같습니다. 한국교회가 가장 소홀히 하는 것 가운데 하나가 바로 '가정예배'입니다. 이것이 무너졌기에 오늘 한국교회의 위기가 왔다고 해도 과언이 아닙니다. '가정예배'는 그 자체로 중요합니다.

근원적인 공동체

하나님이 우리에게 주신 근원적인 공동체 두 개는 바로 가정과 교회입니다. 가정과 교회를 통하여 하나님 나라가 시작됩니다. 그래서 가정은 작은 교회라고 하였고, 교회를 큰 가정이라 하였습니다. 그만큼 두 사이는 분리가 될 수 없습니다. 하나님 나라는 두

개의 근원적 공동체를 통하여 세워져 갑니다. 두 공동체가 유기적으로 살아있고, 균형이 잡혀있을 때 교회도 살고 가정도 살아납니다. 그러나 균형이 깨지고 서로 방관적인 상황에 놓이면 둘 다 힘을 상실하게 됩니다.

우리의 신앙은 가정예배와 주일예배를 통하여 건강하게 자라납니다. 교회의 아름다운 전통 가운데 하나는 바로 가정예배입니다. 그런데 오늘날 우리들이 가장 많이 잃어버린 것은 다름 아니라 가정예배입니다. 가정예배의 소중함을 알고 있음에도 불구하고 바쁜 생활로 인하여 지나쳐 버리는 경우가 대부분입니다. 거기에 주일만 예배하면 된다는 가벼운 생각이 가정예배를 드리지 못하게 하고 있습니다.

가정예배

가정예배는 우리의 신앙 여정에 매우 중요합니다. 우선 매일 매일 하나님을 찬양하고 말씀을 읽고 기도한다는 것은 영적인 측면에서 귀한 선물이 됩니다. 예배하는 성도는 삶의 파도를 헤쳐 나가는 힘을 공급받을 수 있습니다. 하나님의 도우심을 날마다 구하는 시간이기에 그 자체로 큰 힘이 됩니다. 주일예배를 통하여 받은 은혜를 일주일 동안 지속할 수 있는 힘이 바로 가정예배에 있습니다.

두 번째는 가족 간의 영적인 유대 관계를 긴밀하게 가질 수 있습니다. 그리스도인의 가정은 두 개의 관계로 되어 있습니다. 혈육관계와 영적관계입니다. 가족은 혈육으로 맺어져 있습니다. 그러나 그리스도인의 가정은 거기에 더하여 영적인 관계로 맺어져 있습니다. 영적관계로 맺어져 있다는 사실이 가정예배의 중요성을 보여줍니다. 그리스도인의 가정은 인간적인 사랑을 넘어서 영적 관계로 넘어가야 합니다. 가정예배는 영적 대물림을 만들어가는 최전선입니다. 부모의 인도아래 온 가족이 함께 찬송과 말씀과 기도하는 시간은 그 자체로 천국의 향연입니다.

세 번째는 다양한 문제를 해결하는 시간이 되기도 합니다. 온 가족이 함께 가정예배를 드리는 시간은 단지 예배로 끝나지 않습니다. 이 시간은 각자의 영역에서 있었던 문제들을 나누고 해결하는 소통의 시간입니다. 가정예배는 단절된 부모와 자녀 사이의 대화를 만들어내는 시간입니다. 말씀을 읽고, 질문하면서 자연스럽게 자신의 문제를 나눌 수 있습니다. 특히 사춘기 청소년들에게 있어서 가정예배는 매우 중요합니다. 자연스러운 소통은 울퉁불퉁한 시기를 잘 이겨나가게 합니다.

네 번째는 교회를 세우는 일에 큰 힘이 됩니다. 우리 시대 교회들이 점점 힘들어 하고 있습니다. 성장은 정체되고, 교회만이 누릴 수 있는 즐거움도 약해졌습니다. 교회가 세워진다는 것이 결코 쉽지 않은 시대입니다. 앞으로도 점점 그 어려움은 가중될 것입니다. 피할 수 없는 현실입니다. 이러한 사실 앞에 건강한 교회를 세우기 위하여 회복되어야 할 것이 있다면 그것은 바로 가정예배입니다. 짧게는 5분, 길게는 30분에 끝나는 가정예배는 겉으로 보이기에 대수롭지 않게 보입니다. 하지만 이러한 시간들이 모이면 엄청난 힘을 발휘합니다. 교회의 건강성은 가정과 함께 이루어집니다. 가정예배와 주일예배가 균형을 이루면 그리스도의 몸인 교회가 건강하게 세워집니다.

교회의 방향

'통합예배'의 모습을 기반으로 '가정예배'는 더욱 알차게 만들어집니다. 나를 살리고, 가정을 살리고, 교회를 살리는 근원으로서의 가정예배는 통합예배를 통하여 더욱 견고해집니다. 앞으로 한국교회가 통합예배와 가정예배를 회복하지 않으면 정말 심각한 고통에 빠질 것입니다.

'통합예배'를 준비해야 합니다. 더 이상 분리예배에 머물면 안 됩니다. 다음세대를 생각하고 한국교회를 살리기 위해서 지금 시행하여야 하는 것은 바로 통합예배입니다. 지금부터 다시 준비한다면 위기의 시기를 잘 이기고 교회의 본질을 회복할 것입니다. 이것이 교회가 나가야 할 방향입니다.

나가는 말

어머니 품에서

　옛 시대와 달리 우리 시대는 변화가 너무나 빠릅니다. 하루가 멀다 하고 새로운 일들이 일어나고 있습니다. 전자기기의 변화는 과히 총알과 같습니다. 5억㎞ 우주 공간에서 빛의 속도로 보내오는 소식이 28분 안에 도착한다고 합니다. 그러니 지구 공간 안에서 주고받는 정보 속도는 상상을 초월할 정도입니다. 정말 감당 할 수 없는 시대에 우리는 살고 있습니다. 그러다보니 여유를 상실한 채 살 때가 많습니다.

　여유는 삶을 돌아보게 하고, 기다리게 합니다. 자신이 걸어오고, 가야 할 삶에 대하여 생각할 수 있는 것은 정말 중요합니다. 그런데 이러한 모습은 여유가 있어야 가능합니다. 여유가 없으면 서두르게 되고, 오해하게 되고, 염려에 빠지게 됩니다. 마침내 삶을 즐기는 것이 아니라 노예가 되어 버립니다. 성경은 세상이 헛된 곳이기에 먹고 마시며 즐거운 삶을 살라고 말씀합니다. 세상에서 이보다 존귀한 것은 없다고까지 합니다(전 8:15). 여유가 무너지면 생각이 멈추게 됩니다. 그리고 무기력한 일상에 자신을 맡기게 됩니다.

바쁜 시대에 신앙은 더욱 더 힘들어지고 있습니다. 믿음이란 하나님 앞에서 자신을 돌아보는 것인데 바쁜 일상이 그것을 빼앗아 가고 있습니다. 그러니 믿음의 즐거움을 누리지 못합니다. 많은 성도들이 이러한 자신의 모습을 알고 있지만 바쁨과 피곤함 때문에 방치하고 있습니다. 결국 눈앞에서 코가 베어지고 있지만 멍하게 보고만 있습니다. 사단이 춤추고 축하의 파티를 열고 즐기고 있음은 불 보듯 뻔한 사실입니다.

바쁜 일상을 사는 성도들은 잔소리를 싫어합니다. 사는 것도 힘든데 잔소리를 듣고 싶겠습니까? 그래서 교회가 침묵하기 시작합니다. 목사가 위로하기 시작합니다. 복음은 슬그머니 사라지고 따스한 말만 풍성하게 남게 됩니다. 이제 설교도 치유 설교가 생겨났습니다. 학문적으로도 가르치고 있습니다. 그러니 교회를 위하여 함께 짐을 지자고 말할 수 있겠습니까? 어느 교회는 교회 청소를 돈을 주고 하는데 청소하시는 분이 그만두자 사역자에게 돈을 주고 청소를 시키고 있습니다. 참으로 씁쓸하지만 우리의 현실을 잘 보여주는 상황입니다. 교회가 이상해졌습니다. 목사도 제 길에서 있지 않습니다. 그러다보니 성도도 이상해지고 말았습니다.

교회가 무엇인지 바르게 알지 않으면 성도도 존재하지 않습니다. 바울이 그의 마지막 서신에서 마지막 때에 일어날 일을 기록하고, 사도 요한이 계시록을 통하여 교회에 편지를 보낸 이유가 바로 여기에 있습니다. 교회를 바로 알아야 살 수 있습니다.

암이 무서운 것은 발견할 때까지 알 수 없기 때문입니다. 발견이 되면 이미 어려운 상황에 처하게 됩니다. 그래서 끊임없이 증상을 확인하고 하지 말아야 할 것은 피하라고 말합니다. 그런데 몸이 조금 괜찮을 때는 방종합니다. 잔소리로 들립니다. 평상시에는 의사를 욕하다가 병이 생기면 의사의 말에 무조건 복종합니다. 병이 무섭고 아프기 때문입니다. 그러니 건강할 때 잔소리 많이 들어야 합니다.

이러한 모습은 영적인 우리의 삶에도 동일합니다. 교회를 다니면서 교회를 모르는 성도들이 있습니다. 교회를 자신의 생각대로 진단하고 처방하면서 다닙니다. 그러다가 교회에 상처가 나거나 자신에게 불편하게 하면 여지없이 무너집니다. 교회는 그리스도의 몸입니다. 그리고 우리의 영혼을 살찌우게 해주는 어머니입니다. 이 두 가지를 기억해야 합니다. 여기에서 우리의 삶이 시작됩니다.

아무리 바쁘더라도 그리스도의 몸과 우리의 어머니를 생각해야 합니다. 불효자식이 되거나, 막장 신앙생활을 하지 않으려면 짬을 내어 생각해야 합니다. 나는 그리스도의 몸의 지체로서 잘 살고 있는가? 그리스도의 몸을 세우는 일에 마음이 있는가? 어머니로부터 영양을 공급받기를 기뻐하고 있는가? 구원에 이르도록 우리에게 양식을 주시는 어머니를 사랑하고 있는가? 어머니를 무시하고, 혼자 잘 난체 하는 이들처럼 추악한 사람은 없습니다.

그래서 우리의 어머니인 교회 앞에 어떤 모습을 가지고 있는지 생각해야 합니다. 교회는 영적 혈육공동체입니다. 어머니가 건강 할 때 잔소리를 많이 들어야 하고, 원해야 합니다. 어머니의 말이 더 이상 들리지 않을 때는 이미 사단의 자식이 되었을 때입니다. 우리는 교회를 알고, 교회를 생각하고, 교회를 사랑하고, 교회를 즐거워해야 합니다. 교회가 우리의 생명줄 입니다.

교회는 어머니로서 진정한 사랑을 보여 주어야 합니다. 잔소리를 듣는 것이 싫다고 떼쓰는 시대를 향하여 때로는 회초리를 들어야 합니다. 사랑은 침묵과 무관심이 아니기 때문입니다. 사랑은 가장 강력한 무기입니다. 이러한 능력을 얻는 곳이 교회입니다. 교회를 통하여 우리는 이러한 능력을 얻어야 합니다.

어머니는 정직하게 말씀해야 합니다. 정직함이 사라진 시대의 모습은 꼼수와 외식만 남게 됩니다. 세상을 변화 시켜야 할 책무가 있는 그리스도인들이 부정직하고, 꼼수와 외식으로 살아간다면 어떤 모습이 되겠습니까? 좁은 길을 가더라도 복음을 전해야 하지 않겠습니까? 정직하게 말씀을 들을 때 악하고 헛된 세상에서 꿈틀거릴 수 있는 힘이 생깁니다.

어머니는 생명을 주어야 합니다. 교회는 모이는 것으로 끝나지 않습니다. 흩어진 교회로 살아야 합니다. 이렇게 살 수 있도록 영적인 생명을 공급하여 주는 어머니가 바로 교회입니다. 어머니는 자식을 위하여 모든 것을 다 줍니다. 그 절정은 바로 생명입니다. 교회는 이렇게 성도를 위하여 생명을 줍니다. 아낌없이 줍니다. 그래서 생명을 풍성하게 만들어 갑니다.

어머니는 언제나 함께 하고 있음을 보여주어야 합니다. 아이들이 학교에서 돌아올 때 엄마가 맞아주는 것과 그렇지 않은 것에는 엄청난 차이가 있습니다. 아이의 성품에 큰 영향을 미칩니다. 엄마가 항상 함께 하고 있다는 것은 아이로 하여금 편안함과 안도감을 갖게 합니다. 그리고 상실감과 두려움과 우울감을 없애줍니다. 동시에 탈선하지 않게 합니다. 이렇듯 어머니의 존재는 자라나는 아이에게 있어서 큰 성이 됩니다. 바로 이러한 모습을 감당하는 것이 교회입니다. 교회는 성도들과 항상 함께 있습니다. 세상에서 일하다가 언제든지 돌아와서 힘을 얻을 수 있는 곳이 교회입니다. 교회에 대한 이러한 인식이 없이 흩어진 교회로만 생각하는 것은 성경의 가르침을 오해하는 일입니다. 교회는 항상 우리와 함께 있으며 언제든지 우리를 맞아주는 어머니입니다.

교회는 어머니의 순결함을 전해주어야 합니다. 어머니의 아름다움은 그의 순결함에 있습니다. 아이들은 어머니로부터 순결함과 경건함을 배웁니다. 어머니의 사랑과 함께 삶의 기본적인 과정을 배웁니다. 그래서 어머니로부터 공급받은 힘으로 세상에 나갑니다. 그러나 세상은 어머니의 품과는 전혀 다릅니다. 부정과 불의와 부패와 탐욕과 불결함이 곳곳에 널려있습니다. 그래서 잠시 정신을 놓으면 온갖 쓰레기의 세례를 받습니다. 이러한 세상의 오물로부터 지켜주는 것이 바로 어머니입니다.

그래서 어머니를 생각하면 우리의 마음이 먹먹해집니다. 어머니의 순결을 배운 자는 거룩한 삶을 살려고 몸부림을 칩니다. 이렇듯 성도가 헛되고 헛된 세상에서 승리하는 길은 교회로부터 거룩함을 배우는 것입니다. 거룩하신 하나님을 만나고, 거룩하신 하나님의 말씀을 배우고, 거룩한 삶을 사는 훈련을 받아야 합니다. 교회로부터 바르게 배우지 못하면 세상의 노예가 되어 살아갑니다. 교회는 거룩을 배우고 세상으로 보내는 우리의 어머니입니다.